# 団地の空間政治学

原 武史

*Hara Takeshi*

NHK BOOKS 1195

NHK出版【刊】

Printed in Japan

［編集協力］山本則子

［図版作成］原　清人

［本文組版］天龍社

# 目次

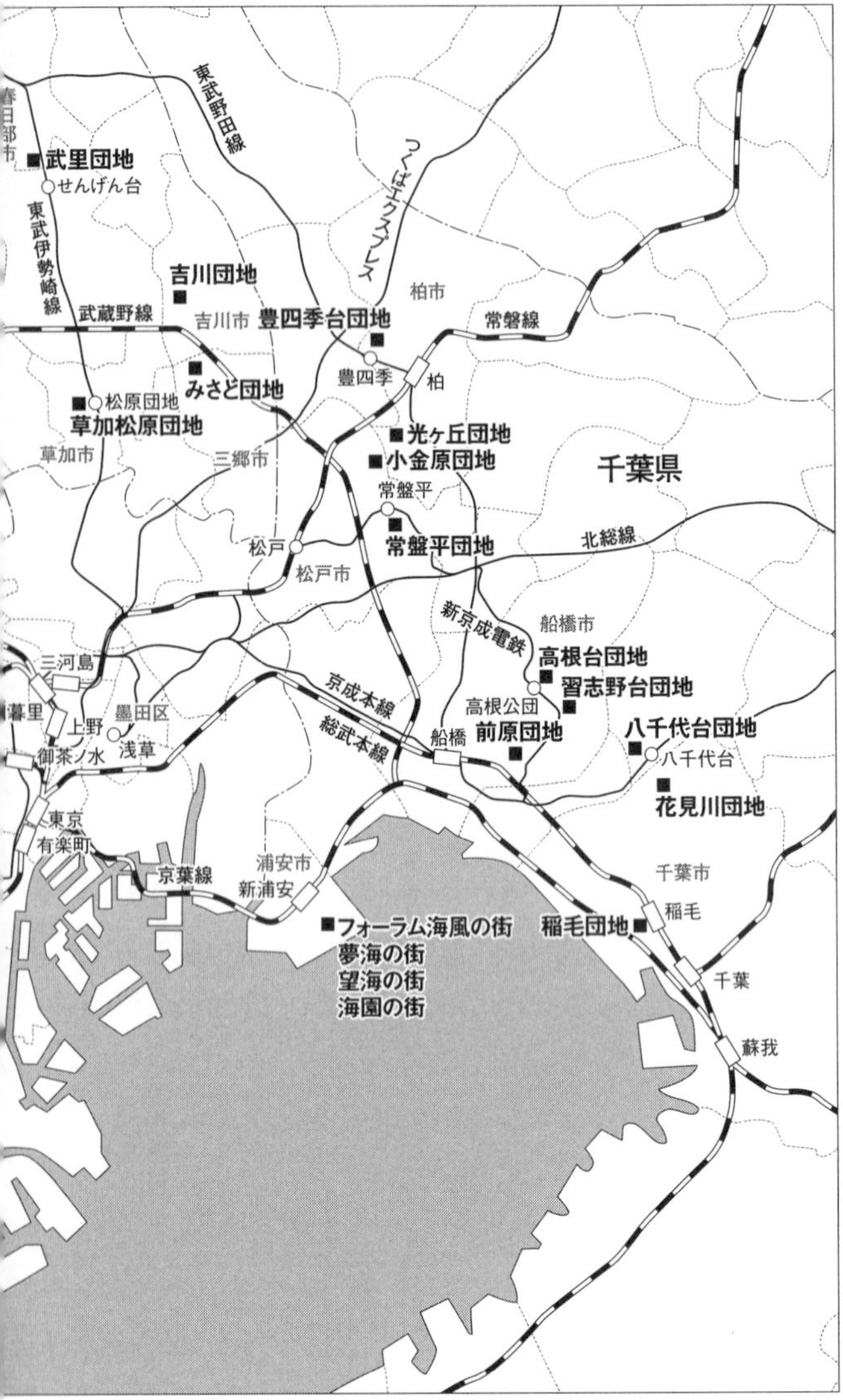

春日部市
武里団地
せんげん台
東武伊勢崎線
東武野田線
つくばエクスプレス
吉川団地
吉川市
武蔵野線
豊四季台団地
柏市
常磐線
豊四季
柏
みさと団地
松原団地
草加松原団地
草加市
三郷市
光ヶ丘団地
小金原団地
千葉県
常盤平
常盤平団地
北総線
松戸
松戸市
新京成電鉄
船橋市
三河島
高根台団地
習志野台団地
京成本線
日暮里
上野
墨田区
高根公団
総武本線
船橋
前原団地
八千代台団地
八千代台
御茶ノ水
浅草
花見川団地
東京
有楽町
浦安市
千葉市
京葉線
新浦安
稲毛
フォーラム海風の街
夢海の街
望海の街
海園の街
稲毛団地
千葉
蘇我

本書で言及される首都圏の団地（建て替えられた団地は旧称で表記）

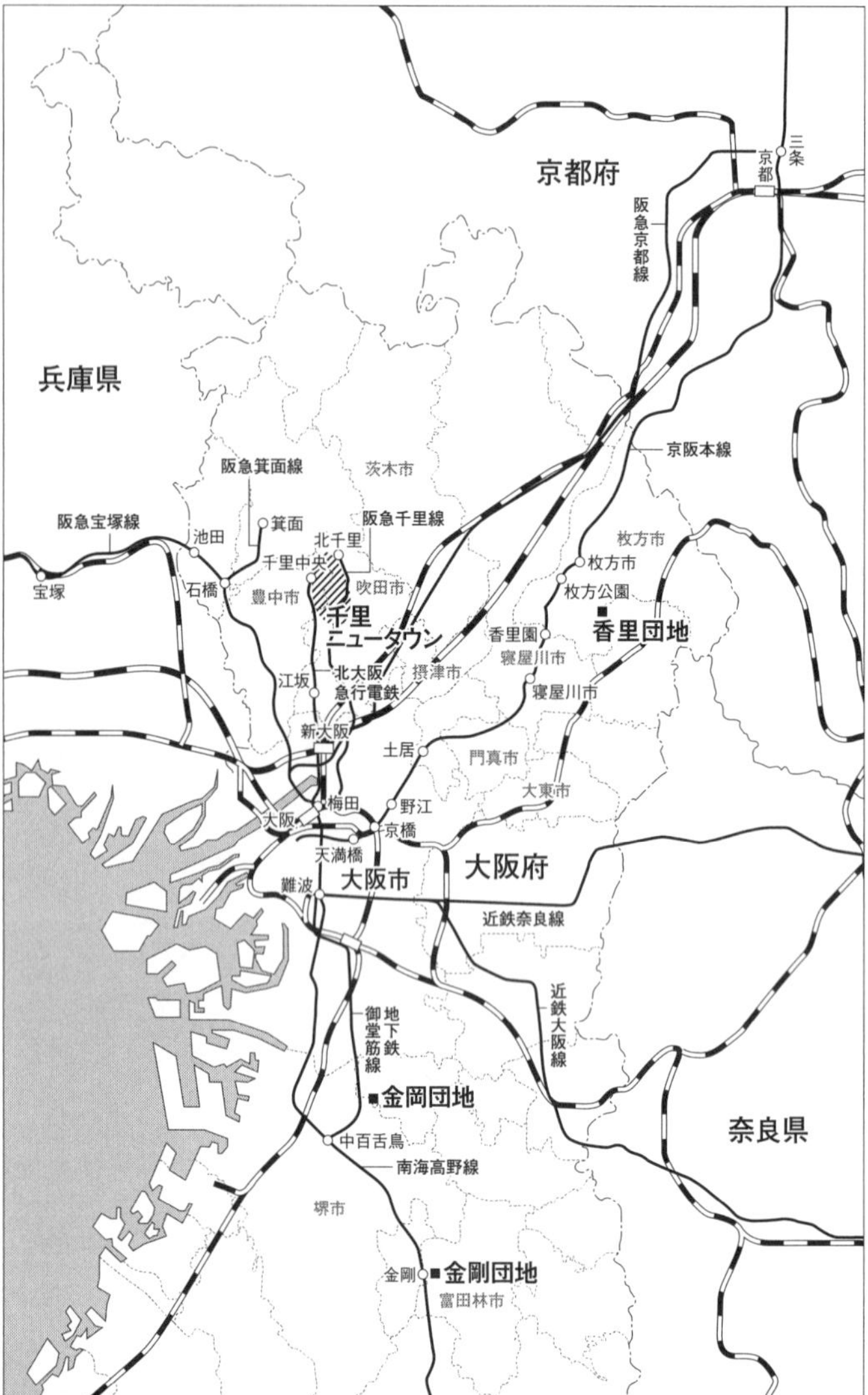


本書で言及される大阪圏の団地（建て替えられた団地は旧称で表記）

# はじめに——政治思想史から見た団地

二〇〇八年十月、全国公団住宅自治会協議会（全国自治協）は「団地の生活と住まいアンケート」を実施した。その結果は、驚くべきものであった。回答した十万千七百八十世帯のうち、七十歳以上が三四・三%、六十歳代が二七・六%を占め、この両者で全体の六割を超えた。わずか三年前の調査では、七十歳以上が二六・四%だったのを踏まえれば、団地の高齢化が急速に進んでいることがわかった。全国自治協の井上紘一事務局長は、「公団住宅の現状は最も多い七十歳以上を天辺《てっぺん》にして完全な逆ピラミッド型の人口構成になっている。この急速な高齢化は衝撃的といえる」（『ザ・ニューキー』二〇〇八年十一月十五日）と話している。

このアンケートに答えた団地は、すべて賃貸で、月五〜六万円台が多かった。ところが、この負担に対して、「大変重い」と答えた世帯が三三・六%、「やや重い」と答えた世帯が三六・二%あった。家族構成で最も多いのは二人で三九・六%、次いで一人の二九・七%であった。こうした結果は、団地に住む世帯の多くが、定収入のない年金中心の老夫婦か、一人暮らしの老人であることを示している。

いわゆる孤独死も増えつつある。全国七六万戸の団地で誰にも看取られずに亡くなり（自殺は除く)、一週間以上発見されなかった人は、二〇一〇年度は一八四人であった(『朝日新聞』二〇一二年六月十五日)。

おそらく、いま七十歳以上になっている団地住民は、ほとんどがもう三十年ないし四十年、もしくはそれ以上にわたり、同じ団地に住んできたのではなかろうか。彼らが初めて団地に住み始めたころ、団地という言葉には、今日からは想像もつかないような輝きがあった。団地の人気はきわめて高く、三十回続けて抽選に落ちる人も珍しくなかった。

もともとその土地に何の縁もゆかりもない二、三十代の夫婦が一挙に入居し、子供を次々に産んでいった結果、団地の人口は増え続けた。自治会ができ、政治的関心や文化的関心に支えられた居住地組織やサークルができ、一つの完結したコミュニティが団地に生まれた。

しかしいまでは、古くなった団地は次々と建て替えられ、「団地」の代わりに「サンヴァリエ」「グリーンタウン」「アートヒル」「サンラフレ」といった片仮名が付いた、民間マンションと見間違えそうなエレベーター付きの高層住棟群に変貌している。建て替えを前にした団地は、住民が退去し、立ち入りが禁止されて廃墟のようになり、建て替えられていない団地でも、階段が多い高層階ほど老人にとっては住みづらくなっている。

団地で生まれた子供たちが成長して出てゆき、残された親である住民が高齢化するとともに、団地が輝いていた時代は忘却されつつある。団地の歴史をずっと見つめてきたはずの住民自身ですら、そうした時代があったことを語ろうとしなくなっている。だが、戦争体験の風化に対する危機感がしばしば叫ばれるのに対して、団地体験の風化という言葉は聞いたことがない。

本書は、団地に関する研究書である。

『広辞苑』第六版（岩波書店、二〇〇八年）によれば、団地とは「住宅・工場などが計画的に集団をなして建っている土地」を意味する。しかし、集合住宅という意味に限定しても、日本の団地には少なくとも、1．都営、県営、市営など公営の集合住宅、2．都道府県の住宅供給公社が建てた集合住宅、3．一九五五（昭和三十）年に発足した日本住宅公団（八一年より住宅・都市整備公団。九九年より都市基盤整備公団。二〇〇四年より都市再生機構。略称UR）が建てた集合住宅、つまり前述の公団住宅、4．社宅や公務員住宅という四つの意味がある。

本書では主に3の意味で、この言葉を用いることにする。なぜなら3が占める割合は、団地全体で最も高く、大団地の多くは3に属するからである。公団は賃貸、分譲を問わず、住宅という名称を用いており、ひばりヶ丘団地はひばりヶ丘住宅、滝山団地は滝山住宅が正式な名称だが、本書では団地に呼称を統一する。

これまで、団地の研究といえば、郊外や住居空間の変遷に着目する社会学者、都市政策や住宅政策を専門とする政治学者、都市計画や建築史を専門とする建築学者が、著書の一部で触れるにすぎなかった（例えば、祐成保志《すけなりやすし》『〈住宅〉の歴史社会学』、新曜社、二〇〇八年、本間義人『戦後住宅政策の検証』、信山社出版、二〇〇四年、松村秀一『「住宅」という考え方』、東京大学出版会、一九九九年など）。

あるいは、昨今の「団地萌え」という言葉に象徴されるように、建物自体を鑑賞する趣味的世界と見なされていた（照井啓太、長谷聰『団地ノ記憶』、洋泉社、二〇〇八年など）。最近ではその延長として、大山顕、佐藤大、速水健朗《はやみずけんろう》により「団地団」が結成され、主に戦後の日本映画を切り口にした団地論が語られるようになっている（『団地団』、キネマ旬報社、二〇一二年を参照）。

その一方で、古くなった団地やニュータウンをどう再生するかに対する関心も高まっている。NPO団地再生研究会などが編集する『団地再生まちづくり』（水曜社、二〇〇六年）、『団地再生まちづくり2』（同、二〇〇九年）、『団地再生まちづくり3』（同、二〇一二年）は、その代表的成果であろう。

本書では、政治思想史の観点から、団地そのものを考察の対象とする。主に高度成長期にあたる五〇年代後半から七〇年代前半にかけての政治思想を、団地という空間から考察しようという試みである。

それはちょうど、大都市における絶対的戸数不足を解消すべく、大団地が東京や大阪の郊外に建設され始めてから、戸数不足が解消され、住宅戸数が世帯数を上回ることで、住宅問題が「量より質」という局面に入るまでの時代にあたっている。この間に団地を表象する記号は、「団地族」から「団地妻」へと変化した。

最近の政治学において、空間と政治、あるいは建築と政治の相関関係が注目されていることは、御厨貴《みくりやたかし》『権力の館を歩く』（毎日新聞社、二〇一〇年）や、奈良岡聰智《そうち》「近代日本政治と『別荘』」（筒井清忠編『政治的リーダーと文化』、千倉書店、二〇一一年所収）に明らかである。しかし『権力の館を歩く』でいう「権力の館」とは、政治家の公邸・私邸や党本部など、それ自体が政治の舞台として自明な建築に限られているし、「近代日本政治と『別荘』」でいう「別荘」も同様である。この点は、本書の視角と決定的に異なる。

本書は、拙著『皇居前広場』（光文社新書、二〇〇三年。増補版はちくま学芸文庫、二〇〇七年。現在はどちらも絶版）で提唱した空間政治学を、団地に適用した試みといえるかもしれない。

例えば、ヒトラーやムッソリーニやスターリンのような独裁者たちは、旧体制と断絶した全体主義の正統性を補うべく、大衆の視覚に訴える大規模な都市改造を行った。つまり上からの政治思想にのっとって空間を作り出したのであり、「政治」が「空間」を形成したわけだ。一方、戦前日本の場合は天皇がそのまま君臨したために旧体制との断絶がなく、大掛かりな仕掛けを通して正統性を強調する必要がなかった（井上章一『夢と魅惑の全体主義』、文春新書、二〇〇六年）。それでも、大正期には無用の長物とまで呼ばれた宮城（現・皇居）前広場や単なる橋だった二重橋（正門鉄橋）が、昭和初期になると「君民一体」という下からの政治思想を生み出した。言い換えれば、「空間」が「政治」を形成したのである（前掲『皇居前広場』）。

本書で考察の対象とする団地もまた、「空間」が「政治」を形成した事例に属する。それは例えば、戦間期のドイツやオーストリアで建設された集合住宅のように、社会主義の思想にのっとり、労働者階級のための住宅として設計されたわけではない（労働者階級のための住宅としては、戦中期に設立された住宅営団が軍需産業に従事する工場労働者のために建設した集合住宅があるが、これもまた社会主義の思想に依拠していたわけではない）。しかし団地という空間は、本論で詳述されるように個々の団地によって温度差はあれ、結果として下からの政治思想を生み出してゆくことになる。

管見の限り、政治思想史ないし空間政治学の視点から団地をとらえた研究はない。わずかに政治学者の竹井隆人が、『集合住宅デモクラシー』（世界思想社、二〇〇五年）や『集合住宅と日本人』（平凡社、二〇〇七年）を通して、集合住宅を基盤とする民主主義の可能性について論じているが、ここでいう集合住宅とは「各住宅の所有者によって共同で所有・管理する自治的形態を備えるもの」（前掲『集合住宅デモクラシー』）を指しており、本書が主な考察の対象とする賃貸の団地はあらかじめ除外されている。

戦後政治思想史を対象とする研究や回想録は少なくない。それらは、六〇年安保闘争や大学闘争、羽田事件、よど号事件、三島事件、連合赤軍あさま山荘事件など、新聞の一面を飾った一連の闘争や事件、あるいは同時代のオピニオンリーダーを中心とする言説に焦点をあてて「政治の季節」を描き出したものが多い。この視角からは、表面上ごく平穏で、「私生活主義」の砦《とりで》のごときマイホームの集合体に見える団地は完全に漏れてしまう。

しかし私は、二〇〇七年に刊行した『滝山コミューン一九七四』（講談社、二〇〇七年。講談社文庫、二〇一〇年）のなかで、こうした見方に対する違和感を表明しておいた。団地こそは、六〇年代から七〇年代にかけての革新的な政治意識を支える有力な基盤となったのである。本書は、重松清との共著である『団地の時代』（新潮選書、二〇一〇年）の発展版であり、新潮社からほぼ同時に刊行される『レッドアローとスターハウス――もうひとつの戦後思想史』とともに、団地に四十年以上にわたって住み続けた個人的体験をさらに掘り下げ、その底を流れる政治思想史の「水脈」を探ろうとするものである。

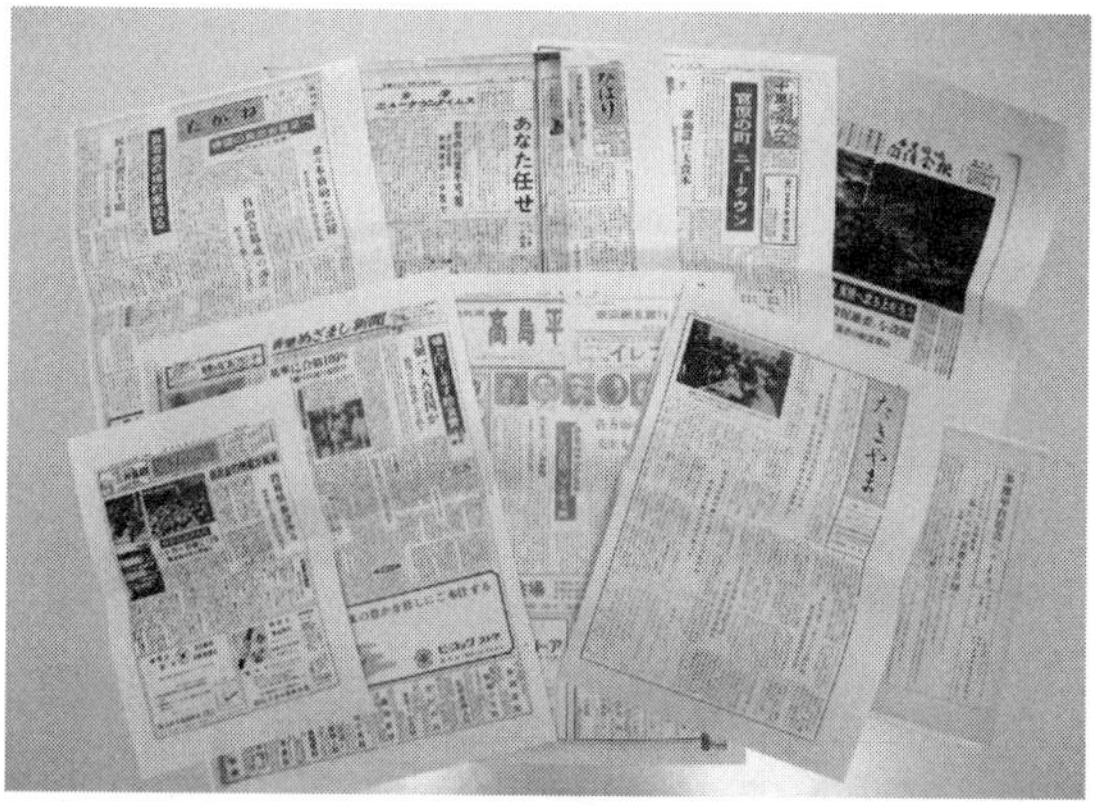


**各団地で発行されていた自治会報やミニコミ紙**（撮影／編集部）

そのためには、一般の新聞や雑誌はもとより、団地関係の情報誌や業界紙、さらには香《こう》里《り》団地、多摩平団地、ひばりヶ丘団地、常《とき》盤《わ》平《だいら》団地、高根台団地、滝山団地など、首都圏や大阪圏に建設された大団地で発行されていた自治会報やタウン紙、ミニコミ紙、あるいは大阪府の千里《せんり》ニュータウン、東京都の高島平団地や多摩ニュータウンで発行されていたタウン紙が重要な史料となる。また、日本共産党の動きを知るには『アカハタ』（六六年より『赤旗』）を、創価学会の動きを知るには『聖教新聞』を、自治会活動の主役となる主婦たちの動きを知るには、新日本婦人の会が発行する『新婦人しんぶん』や婦人民主クラブが発行する『婦人民主新聞』を、それぞれ見逃すわけにいかない。

これらの史料を通して、「政治の季節」とは一見無縁な団地在住のサラリーマンや主婦が、実は重要な政治的役割を果たしていたことが見えてくるはずである。彼ら、彼女らの多くは、当時まだ二、三十代であった。いまは団地で一人暮らしをしている老人のなかにも、かつて自治会やサークルで活動していた住民が含まれているかもしれないのだ。

なお、本書に登場する人物は、すべて敬称を略したことを断っておく。

# 第一章●「理想の時代」と団地

## 1―1　団地＝アメリカか？

### 皇太子夫妻のひばりヶ丘団地訪問

一九六〇（昭和三十五）年九月六日、皇太子（現天皇）夫妻が東京都北多摩郡田無町《たなし》（現・西東京市）のひばりヶ丘団地（現・ひばりが丘団地およびひばりが丘パークヒルズ）を訪問した。その模様を、翌日の『毎日新聞』多摩版はこう伝えている。

　この日の妃殿下の服装は、いま流行のベージュのタイトワンピースに、もえぎ色ターバン風の帽子と同色のサッシュベルト、真珠のネックレスというデラックス・スタイル。洋装のスタイルには日ごろ口やかましい〝団地夫人〟からも「ベルトと帽子に同色を使われるなどセンスがあるわ。あのスタイルなら米国に行ってももてるでしょう」という声も聞かれ、妃殿下に対するスタイルは満点だった。

**1960年９月６日、ひばりヶ丘団地の視察に訪れた皇太子（現天皇）夫妻**（写真提供／毎日新聞社）

家庭訪問を受けた七十四号館の会社員、横井静香氏夫人洋子さんは「美智子さまのご訪問は庶民的でやわらかく、こちらの方が堅くなってしまいました。お話はキッチンとおフロのことが主で、ゴミの処理場など細かい点にまでお気づきでした」と妃殿下の庶民的なご態度に感激していた。

ひばりヶ丘団地は、日本住宅公団が五九年から六〇年にかけて建設した。前述のように、団地とは正式な名称ではなく、あくまで通称であったが、五八年に『週刊朝日』が「団地族」という言葉を使ったことで流行語になり、広く用いられるようになった。

ここでいう団地族とは、従来の都営や府営などではなく、公団の団地に住む人々に向けられた言葉であった。建築家の西山夘《う》三《ぞう》は、「はじめはやはり公営にくらべて家賃が割高なため、それだけの家賃を出しても早く入りたい、通勤に少々不便でも――といった層しかやって来ず、入居抽せん率は全国平均で五倍程度だった。しかしやがて〔昭和〕三十六・七年頃から急激に競争率は上ってきた」

**空から見たひばりヶ丘団地。西武ストアー、テニスコートなどが隣接している。1961年撮影**（写真提供／読売新聞社）

（「生活革新のヴィジョン」、『展望』六六年十一月号所収）と述べている。団地に入居する彼／彼女らは二十代後半から三十代前半にかけてが最も多く、皇太子夫妻の訪問を受けた横井洋子も二十九歳であった（『朝日新聞』六〇年九月六日夕刊）。

なお新聞には夫である横井静香の年齢が記されていないが、これは九月六日が火曜日だったため、勤めに出ていていなかったからだと思われる。団地に住んでいたのは、単身者向けに建てられた少数のアパートを除き、大半が都心に通うサラリーマン、いわゆる新中間階級の家族であった。

ひばりヶ丘団地の総戸数は二七一四戸で、全戸賃貸。首都圏では多摩平団地（東京都南多摩郡日野町〔現・日野市〕、同二七九二戸、五八年十月入居開始）に次いで建設されたマンモス団地であった。

1DKから4Kまでのタイプがあったが、最も多いのは2DKであり、皇太子夫妻が訪れた74号棟もこのタイプであった。DKとは、ダイニング・キッチンという和製英語のことで、日本住宅公団の初代設計課長、本城和彦が命名した（川添登「ダイニング・キッチン」、『アサヒグラフ』二〇〇〇年九月二十二日号所収）。

団地の区域は北多摩郡田無町（六七年より田無市。二〇〇一年より西東京市）のほか、同郡保谷町《ほうや》（六七年より保谷市。二〇〇一年より西東京市）、久留米町（七〇年より東久留米市）の三町にまたがっていて、五九年四月から入居が始まった。なお、田無市は六七年十月より「ひばりが丘団地」を、保谷市は同年十一月より「ひばりが丘」を、久留米町は六八年八月より「ひばりが丘団地」を町名に採用しているが（『角川日本地名大辞典13　東京都』、角川書店、一九七八年）、本書では公団が命名した「ひばりヶ丘」に呼称を統一する。

団地の最寄り駅であった西武池袋線の田無町は、団地の完成に伴い、五九年五月にひばりヶ丘に改称された。西武鉄道全体では、新所沢団地の完成に伴い、同年二月に新宿線の北所沢を新所沢に改称したのに続く、団地名への駅名改称となった。

皇太子夫妻は、団地への入居が始まったのと同じ月に結婚したばかりであった。六〇年九月二十二日からの訪米――この訪米は本来、米大統領ドワイト・D・アイゼンハワーの訪日に対する答礼として計画されたが、安保闘争の激化により、訪日は実現しなかった――を控えて、「渡米前のご勉強」（『朝日新聞』六〇年九月六日夕刊）のため、東京都に誕生した最新の団地を訪問したのである。

「あのスタイルなら米国に行ってももてるでしょう」という「団地夫人」の声は、皇太子夫妻の団地訪問の目的を、彼女ら自身がよくわかっていたことを意味している。

## プライバシーの確立

ではなぜ、訪米と団地訪問が結び付くのか。

当時の日本にあって、ひばりヶ丘団地に象徴される新興の団地こそ、アメリカ型ライフスタイルの先端を行くものと考えられたからである。皇太子妃が注目したダイニング・キッチン（ＤＫ）や洋風テーブル、自宅用浴室、水洗便所、シリンダー錠などは、占領期に連合国軍家族用の集合住宅として建てられたワシントンハイツ（現・代々木公園など）やグラントハイツ（現・光が丘団地、光が丘公園）などのデペンデント・ハウス（ＤＨ住宅）でいち早く整備された（小泉和子ほか『占領軍住宅の記録』下、住まいの図書館出版局、一九九九年）。それらが完備された日本人向けの集合住宅は、公団の団地が初めてであった。

**公団初の賃貸団地、金岡団地のダイニング・キッチン**（写真提供／UR都市機構）

関東大震災後、東京や横浜に建てられた同潤会アパートメントには、水洗便所やダストシュートはあっても、ダイニング・キッチンや自宅用浴室、シリンダー錠はなかった。敗戦後に東京に建てられた公営団地もまた同様であった。西山夘三によれば、公団は従来のアパートや団地と区別すべく、「府県市町の住宅供給ではできない『大団地』をつくり、公営アパートでも当然必要なものであるがあまりできていない児童遊び場、公園、ショッピングセンター、集会場、学校などをとりそろえ、団地としての『風格』をたかめ、これによって公団アパートを公営よりも一段と高いものだとみせかける。また個々の住宅には、必ずフロ場をつける。ステンレスの流しをつけ、食事室をダイニングキチンとしてモダンなスタイルにする――といった特殊上等な商品とみせかける苦心がおこなわれた」(前掲「生活革新のヴィジョン」)。

なかでも、自宅用浴室とシリンダー錠は、日本の住宅で初めてプライバシーが確保された「マイホーム」の概念を確立させた。公団は、その意義をこう強調する。

浴室とシリンダー錠は、いわば住宅公団にとってもたらされたプライヴァシーの概念を端的に象徴するものであった。多くの庶民がまだ浴室はおろか便所や台所すらも共用しなければならないような戦後の貧しい住宅状況に悩んでいる時、浴室のある住宅が庶民の手の届くところにもたらされたという実感は、入浴というような行為が持っているプライヴァシーの概念を日本の庶民の暮しの中にはっきりとした形で浮き上がらせた。扉一枚でそこから先には門も塀もなく、ただちに公的な空間に接続するということは、これもまた日本の庶民の暮しの実感の中に公的な空間と私的な空間の区別の概念を明確化させるきっかけとなった。（『日本住宅公団10年史』、日本住宅公団、一九六五年）

このように、銭湯に代わる浴室と、鍵違いを大量にこなせるシリンダー錠こそは、「近代的な意識を成長させてゆく道具立て」（同）となったのである。それはまさに、「私的なものが端的に私的なものとして承認されたことが未だ嘗《かつ》てない」（丸山眞男「超国家主義の論理と心理」、『増補版　現代政治の思想と行動』、未來社、一九六四年所収、傍点原文）とされた旧来の日本社会からの決別を意味しているように見えた。

### 家電製品の普及率が高い団地

家電製品もまた、日本ではデペンデント・ハウスでいち早く普及したのであり、アメリカ型ライフスタイルを象徴するものと見なされた。注目すべきは、団地では一般家庭よりも、家電製品の普及率が高かったことである。

六〇年版の『国民生活白書』によれば、テレビやラジオ、ミシンなどの普及率はそれほど変わらないが、電気洗濯機、電気釜、電気冷蔵庫、電気・ガスストーブの普及率は、東京都区部の全世帯がそれぞれ四九・二%、二五・一%、一三・七%、三七・一%であったのに対して、団地世帯はそれぞれ七六%、五六%、二〇・五%、六三・二%と、いずれも全世帯に比べて二倍前後の普及率を示していた（生活科学調査会編『増補　団地のすべて』、ドメス出版、一九七三年）。

より細かく見ると、これらは関東よりも関西でいち早く普及した。例えば、六〇年の時点での電気冷蔵庫の普及率は、ひばりヶ丘団地が二三・四％であるのに対して、香里団地では五八・〇％と、二倍以上に達している。枚方市《ひらかたし》駅と香里団地を結ぶバス通りの電柱には、団地に向かって左側にナショナル（松下電器産業。現・パナソニック）の、右側に東芝の広告がずっと続くなど、大手メーカーがすさまじい広告合戦を繰り広げたのが要因だった（『アパート団地居住者の社会心理学的研究』その2、日本住宅公団建設部調査研究課、一九六一年）。

しかし、六五年ごろまでには、そうした違いも解消された。六五年七、八月にひばりヶ丘団地で行われた調査によれば、電気洗濯機の普及率が一〇〇％に達したほか、電気冷蔵庫が九七・六％、電気掃除機が九二・七％と、香里団地とほぼ同じになった（森岡清美ほか「東京近郊団地家族の生活史と社会参加」、『社会科学ジャーナル』第7号、六八年所収）。

### 圧倒的少数派としての団地族

社会学者の内田隆三は、「皇太子の御成婚は、恋愛のロマンス／祝福された結婚／新家庭の創造という一連の営みを通じてマイホーム形成の理想的・規範的なモデルとなったのである」（『国土論』、筑摩書房、二〇〇二年）と述べている。五九年四月に結婚した皇太子夫妻がひばりヶ丘団地に見ようとしたのも、プライバシーが確保され、ダイニング・キッチンや浴室が備わり、家電製品やガスレンジがそろい、ちゃぶ台でなく洋風テーブルを囲んで家族が椅子に座り、食事をとるマイホームにほかならなかったというのだ。

こうした見方は、社会学者の大澤《おおさわ》真幸《まさち》にも受け継がれている。大澤は前掲『国土論』によりながら、次のように述べている。

皇太子夫婦は、戦後社会が目指すべき、理想化された「家族」のモデルとなった。それは、エプロンをつけて洋風のキッチンで働く皇太子妃が典型的に示すように、明白に「アメリカ」の市民生活を指向するものであった。皇室に、非政治化されたアメリカという媒介項を通じて光を当てたときに、天皇に代わって浮上したのは、皇太子の家族である。（『不可能性の時代』、岩波新書、二〇〇八年）

大澤は続けて、「マイホーム生活の理想が、まずは『団地』（日本住宅公団の成立は五五年）に託され、そしてやがて、六〇年代後半には『持ち家』へと展開していく」（同）と述べるが、生活空間計画学者の平山洋介が指摘するように、日本は敗戦を機に借家から持ち家社会に転換し始めており、団地族という言葉が生まれた五八年には、日本全国の住宅所有形態に占める持ち家の割合が七一・二%と、それまでの最高に達していた。一方、公的賃貸住宅（社会賃貸住宅）の割合は、公団、公営、公社の三者を合わせても、三・五%にすぎなかった（『住宅政策のどこが問題か』、光文社新書、二〇〇九年）。その意味で公団の賃貸住宅に住む団地族とは、当時の日本社会全体のなかでは、圧倒的な少数派だったのである。

## 大都市圏に集中する団地

平山洋介によれば、六〇年代から二〇〇〇年代にかけて、持ち家の割合は五九～六四％台、公的賃貸住宅の割合は四～七％台でずっと変わらない（同）。二〇〇〇年代前半の住宅所有形態を各国別に見ると、日本の公的賃貸住宅の割合はドイツ（六％）とほぼ同じで、アメリカ（二％）やオーストラリア（五％）よりは高いが、フランス（一七％）やイギリス（二一％）、オランダ（三五％）よりは低くなっている（平山洋介『都市の条件』、ＮＴＴ出版、二〇一一年）。確かにこのデータを踏まえれば、団地の割合は一貫して少ないように見える。

しかしこれは、あくまでも日本全体のデータである。都市部では、全く違った比率になる。東京都の場合、持ち家の比率は一九五五年にいったん五〇％を超えるものの、これ以降は六〇年に四六・二％、六五年に三九・六％、七〇年に三八・五％、七五年に三八・四％という具合に下がり続ける（昭和30年、昭和35年、昭和40年、昭和45年、昭和50年の国勢調査報告より算定）。そのぶん、民営借家や団地、すなわち公営、公団、公社の賃貸住宅、社宅が増えているわけだ。民営借家の多くは、木造賃貸アパート、いわゆる木賃アパートであった。

さらに六〇年代後半からは、住宅建設計画法の施行に伴い、分譲、つまり持ち家としての団地も多く建設されるようになる。これらを含めれば、団地の割合は当然ながらもっと高くなる。六〇年代後半～七〇年代前半になると、首都圏では東京都北多摩郡村山町（現・武蔵村山市）や久留米町（現・東久留米市）、日野市、町田市、埼玉県上尾《あげお》市、千葉県八千代市などで市の人口の三〇～四〇％台が団地住民となった。また、多摩ニュータウンの造成により、東京都多摩市では七二年六月の時点で人口の四一％が団地住民となっている（『多摩ニュータウンタイムズ』七二年七月一日）。

団地の人気は、団地自体が珍しくなくなった六〇年代後半になっても、まだまだ衰えていなかった。日本住宅公団は六七年四月、東京・関東支所で三十回以上、大阪支所で二十五回以上、名古屋支所で二十回以上落選した希望者を、それぞれ無抽選で入居させている（下川耿史《こうし》編『増補版　昭和・平成家庭史年表――１９２６→２０００』、河出書房新社、二〇〇一年）。

皇室の団地訪問は、六〇年代を通して続いた。昭和天皇と香淳皇后は、六六年四月に建設途上にあった大阪府の千里ニュータウンを視察しているし、皇太子夫妻は、六八年三月に千里ニュータウンを、六九年五月に東京都住宅供給公社が建設した多摩川団地（東京都調布市・狛江市、賃貸一八二六戸、分譲二〇四八戸、計三八七四戸）を、それぞれ視察している。

建築評論家の川添登は、「高度成長の絶頂期の一九六〇年代なかば、東京都民の四分の一は、木造賃貸アパートの六畳一間に数人の家族が暮らす過密性を余儀なくされていたことに象徴されるように、住宅問題は一層激化していた」（前掲「ダイニング・キッチン」）と述べている。少なくとも東京都では、団地よりも劣悪な民間借家のほうが、はるかに多かったわけだ。六〇年代の団地は、一貫して輝きを失っていなかったと見るべきだろう。

### 理想としてのアメリカ

大澤真幸は、前掲『不可能性の時代』のなかで、日本の戦後を七〇年前後を境に、「理想の時代」と「虚構の時代」に分けている。さらに「理想の時代」を、安保闘争が起こった六〇年を境に、前半と後半に分けている。

ここでいう「理想」は、一貫してアメリカを指している。その根拠となったのは、社会学者・吉《よし》見《み》俊《しゅん》哉《や》による以下の分析である。

日本人の親米意識は、近年形成されたものではなく、少なくとも戦後を通じ、半世紀以上にわたって構造化されてきたものである。たとえば時事通信社が一九六〇年から毎月のように実施してきた「好きな国・嫌いな国」についての世論調査は、アメリカがどれほど一貫して戦後日本人に好まれ続けてきたかを理解させてくれる。

それによると、六〇年安保で世情騒然たる状況だったときですら、「好きな国」としてアメリカを挙げた人は四七・四%で、「嫌いな国」の五・九%をはるかに超えていた。これは、ソ連を「好きな国」として挙げた人が三・三%にすぎず、「嫌いな国」が五〇・四%に上ったのと顕著な対照をなしていた。安保反対の運動がうねりのよう〔に〕広がり、社会主義の夢がまだ真剣に語られていた時代ですら、全国的には親米が反米をはるかに凌駕し、親ソは嫌ソに遠く及ばなかったのだ。（『親米と反米』、岩波新書、二〇〇七年）

吉見俊哉の分析を受ける形で、大澤真幸は「この事実は、理想の時代の『理想』にとって、アメリカがソ連よりも遥かに重要な意味を担っていたことを端的に示している」（前掲『不可能性の時代』）としている。確かに六〇年安保闘争によって、「理想の理想性の保証人たる『アメリカ』への信頼に罅《ひび》が入」（同）ったが、理想そのものは政治的内実を失い、「経済的に豊かな生」と等値されることで生き延びたのである。大澤にいわせれば、その典型がマイホームであり、団地であったということになるのだろう。

## 集団生活としての団地

団地をプライバシーが確保されたマイホームと見なす視点は、公団や社会学者ばかりか、建築家にも共有されている。例えば、山本理顕《りけん》は「プライバシーは住宅のその外側に対するプライバシーである。同時にその内側では夫婦と子どもそれぞれのプライバシーである。『2DK』とわれわれが呼んでいる住宅の形式がそれである。外に対しては鉄の扉で内側の密室性を確保する。内側では二つの部屋、夫婦寝室と子ども部屋を確保する。夫婦寝室のプライバシーは戦後の人口増のためにも必須であった。こうした公団住宅や公共住宅が大量に供給され、その住宅に住むことによって、それまで私たち日本人にあまり馴染みのなかったプライバシー概念が急速に浸透していったのである」と述べている(『地域社会圏主義』、ＩＮＡＸ出版、二〇一二年)。

だが、たとえアメリカ型ライフスタイルが団地で先駆的に確立されたとしても、団地をダイニング・キッチンや浴室、寝室といった間取りや、家電製品や洋風テーブルといったモノだけで論ずることはできない。こうした視点は、「木を見て森を見ず」の感があり、コンクリートに囲まれたマイホームの室内を見ているだけで、同じような間取りの家が大量に集まって生活しているという、団地の集団生活としての側面を見ようとしていない。

五九年五月、ひばりヶ丘団地の完成とほぼ同時に入居した文芸評論家の秋山駿は、入居してすぐにこの独特な集団生活に気づいた。

人間の生活がかくも千篇一律の光景を呈するとは、私は思っても見なかった。窓から透かし見られる一つの生活のパターンは、まったくそのままの形で他の二十三の部屋にも適合するものであろう。まず水の音がして、人の影が動き、窓を開け、子供達の声が騒いで、食事が始まる、といったふうな日常の儀式から、その後、掃除、洗濯、買い物、夕べの団欒《だんらん》と続いていくのだが、その食卓の位置、洗濯機の置き場所にしても、ほとんど寸分の相違もないのである。すべてよく似ている二十四の同じような人間が、すべてよく似ている同じような生活の光景を展開している、というのでは、これほど飽き飽きする見物はあるまい。(『舗石の思想』、講談社文芸

文庫、二〇〇二年）

家電製品がいち早く普及したのも、「すべてよく似ている同じような生活」と切り離しては考えられない。西山夘三はこう述べている。

「階段のうちのどこか一軒をねらえ」というのがセールスマンの虎の巻である。一軒が陥落すれば、あとは手をこまねいていてもいい。アパートはコンクリートの壁で囲われ、「隣は何をする人ぞ」と無関心の間柄、互いにプライバシーを守りあえる最も近代的な住宅形式だが、こと生活の見栄に関する限り、裏長屋よりも隣近所への心づかいは敏感で、そのため生活革新の流行をうみだすモデル地域となってしまった。（前掲「生活革新のヴィジョン」）

西山のいう「生活革新」とは、「家庭電化ブームを軸とする消費革命」を意味する。「生活革新の流行をうみだすモデル地域となってしまった」という西山の指摘は、集団生活としての団地の特徴をよくいい当てている。

同じことは、寝巻きについてもいえる。六〇年代になると、団地の女性が浴衣やパジャマでなく、ネグリジェを着るようになり、「団地マダムとネグリジェとは当然の風景」となる。下着デザイナーの鴨居羊子は、「新しい団地環境が新しいネグリジェスタイルを生み、次第に変わってゆくということは、団地マダムたち自身が、その生活から育て作ってゆく大へん合理的な発展なのです。とにかくネグリジェ普及、およびその変化に一役買ったのは団地マダムのお手柄です」(『香里団地自治会新聞』六二年六月十日)と述べている。

## 新聞記事とは異なる団地住民の声

本章の冒頭に引用した新聞記事は、皇太子夫妻のまなざしが反映されたものとなっており、そこに登場する「団地夫人」も、あらかじめ周到に選別されていたことは否めない。団地で発行されていたミニコミ紙によれば、一般の新聞記事とは異なる次のような声もあったからである。

たった五十分間の二人の訪問客のために、通り道だけが穴ぼこをふさがれ、ブラシで洗われ、草がむしられ、集会所の床がはりかえられ、ガラスがみがかれ、店先はさっぱりと片づけられ、そして高級役人と団地管理人と親睦会役員と商店主と所轄警察が数日前から冷汗を流し、テレビと新聞記者が押しかけ、沢山の人々がスターをみようとひしめきあった。そして、よく停電するそのアパートに住む一人の居住者は高家賃に悩み、共益費の使途も知らされず、保育所がほしいと訴え、高い豚肉をやめてサンマを食い、遠い勤め先に高い交通費を払って通い、そして、つかれてだまっている。(『ひろば』第2号、六〇年)

ここには、「団地夫人」とは異なり、都心に通うサラリーマンの本音があらわれている。ひばりヶ丘団地の入居にあたっては、一世帯あたりの月収が月々の家賃の五・五〜九倍あることが条件とされていた（『西武』五八年八月十五日）。実際には、高倍率の抽選に当たりはしたものの、この条件を満たせない家庭も少なくなかった。六〇年一月にひばりヶ丘団地に入居した不破哲三（本名は上田建二郎。日本共産党前中央委員会議長）もその一人で、勤務していた鉄鋼労連の給与が「いついつまでに、これだけ上がる」という引き上げ証明書なるものを自分でつくることで、なんとかパスしたという（『不破哲三　時代の証言』、中央公論新社、二〇一一年）。

ひばりヶ丘団地のような賃貸の公団住宅の場合、家主は日本住宅公団ということになる。家賃の値上げは、団地に生活する住民全体に共通の問題となる。いや、家賃だけではない。団地に新設されたスーパーや商店街の品物の価格も、西武鉄道の運賃も、すべて住民全体の生活を等しく左右することになるのだ。

都心に通う団地在住のサラリーマンにとって、通勤は決して楽ではなかった。池袋から準急で二十二分（普通で二十六分）、さらに駅からバスで五分（団地ができた当初は、団地内をバスが通らず、徒歩を入れるともっとかかった）は、当時の感覚からすれば遠かった。相次ぐ輸送力増強にもかかわらず、西武池袋線のピーク時の混雑率は、六〇年度に二四〇％、六三年度には二五六％に達した（『大手民鉄の素顔』、日本民営鉄道協会、一九八〇年）。

ひばりヶ丘団地に引っ越してきた住民は、必ずしも西武沿線に住みたかったわけではないだろう。

東急田園都市線沿線に開発された多摩田園都市の住民が、はじめから東急の分譲地を買い、東急沿線に住みたくて引っ越してきたようなことはなかったはずである。それよりはむしろ、団地に何度も応募し、たまたま当たったのがひばりヶ丘団地だったから引っ越してきた住民のほうが多かったのではないか。こういう場合、引っ越してみて初めて鉄道やバスの不便さに気づくことも多く、私鉄会社と敵対関係になりやすかった。

それだけではない。ひばりヶ丘団地には、乳幼児が多かったにもかかわらず、保育所もなかった。これは夫だけでなく、妻にとっても重大な問題であった。『ひろば』の投書は、多くの団地住民の本音を代表していたのである。

## 団地自治会の結成

こうした悩みは、多くの団地に共通していた。本物のアメリカ型ライフスタイルとの落差は、あまりにも大きかった。

政治学者の松下圭一は、公団の団地について、次のような痛烈な批判を浴びせている。

都市計画は近隣住区の設計を原型としなければならないが、都心再開発にせよ郊外新開発にせよ、一定面積の上に住む人口を想定し、その人口全体にたいするシビル・ミニマムの確保を規準として、住宅配置、日照・緑地あるいは集会施設、通勤施設、電話・郵便施設、光熱施設、上下水道、さらに病院、保育所、学校、図書館のみならず銀行、商店までの計画的配置をおこなわなければならない。シビル・ミニマムなくして、今日では都市計画自体が不可能なのである。この意味で従来の公団団地は、施設設置基準をもつにもかかわらずなお失格であるときめつけなければならない。あのような公団団地の設計を許容したこと自体は予算不足よりもむしろシビル・ミニマムの思想の未成熟にあるといわなければならない。（「シビル・ミニマムの思想」、『展望』七〇年五月号所収）

シビル・ミニマムというのは、市民の誰にも自治体が確保すべき最低限の生活基準を意味するが、ここでは自治体ではなく、公団が標的にされている。

公団が大団地を建設するにさいして、人口の想定を間違えたのは、プライバシーが完全に確保された空間が、男女の生殖行動をこれほど誘発するとは考えていなかったからではないか。

例えば、ひばりヶ丘団地では「1年間の出生数を調べてみたら全国平均の出生率は1000人当り17・2人なのに、この団地はなんと55人。6戸に1人の割でおめでたがあるというものすごさ」（「若夫婦が多い『ひばりヶ丘』」、『いえなみ』六一年九月号所収）であった。また、千里ニュータウンでも「〈昭和〉四十年には1891人の新生児が誕生しているが、これは世帯数12436家族から算出すると、ニュータウンでは毎日、6家族のうちのどこかでどなたかが赤ちゃんを産んでいるわけで、ニュータウンの赤ちゃん誕生は益々さかんということである」（『千里山タイムス』六一年一月一日）と報道されている。

公団は、乳幼児や小学生が爆発的に増えるのを予測できなかったばかりか、沿線人口の急増に鉄道会社が対処しきれないことも予測できなかった。

ここには、西山夘三のいう「生活革新」とは全く違う見方がある。団地で起こったさまざまな問題は、住民自身が自治会をつくり、解決してゆくほかはなかった。自治会という名称には、学生自治会や全学連（全日本学生自治会総連合）に代表されるように左翼的な響きがあり、当初は自治会でなく親睦会と称した団地もあったが、やがて自治会に改められた。

なお正確にいえば、同潤会江戸川アパートメントでは四七年に自治会をつくろうとする動きがあった。これに対してGHQは、「戦時以来の街のボス的勢力が、自治会その他の新しい仮面のもとに、各町政に依然悪い影響を及ぼしている」として、自治会と名のつくものは一律に禁止するポツダム政令第15号「町内会部落会又はその連合会等に関する解散、就職禁止その他の行為の制限に関する件」を出している（同潤会江戸川アパートメント研究会編『同潤会アパート生活史』、住まいの図書館出版局、一九九八年）。

大政翼賛会の最末端組織として町内会や部落会、隣組が〈上〉からつくられ、戦争協力に動員された時代の記憶はなお鮮明であった。それから十年あまりがたち、地縁も血縁もない新参者ばかりが住んでいる団地で、自治会が〈下〉からつくられたのである。

## 1―2　社会主義と団地

### アメリカに団地はない

前掲『占領軍住宅の記録』上は、「敗戦直後の昭和二〇年一二月、日本政府はGHQ（連合国軍総司令部）から、約二万戸（日本国内一万六千戸・朝鮮四千戸）の占領軍の家族用住宅の建設を命ぜられた。建設地は東京、横浜をはじめとして、北海道から九州の各地におよんでいた。独立住宅を中心に幼稚園、小学校、礼拝堂、劇場、クラブ、酒保、診療所、管理事務所、駐在所などの公共施設をそなえ、道路、上下水道を完備した住宅集区、つまり団地の建設である」と述べる。だが、ここでいう団地とは、前述したデペンデント・ハウスを指しており、そのすべてが平屋ないし二階建であった。

そもそも日本の団地のような、四階建や五階建の直方体形をした建物が大都市の郊外に林立する風景は、アメリカ本国にも見当たらない。「アパートという側面からいっても、郊外住宅地という側面からいっても、厳密な意味では日本の団地に対応するような団地は、アメリカにはないといっていい」（前掲『増補　団地のすべて』）。

日本とは異なり、戦災にほとんど見舞われなかったアメリカ本国では、郊外に集合住宅を大量に建設する必要がなかった。もちろん、アメリカでも四五年以降、一六〇〇万人もの兵士が帰還し、同時にベビーブームが始まったため、住宅が不足し、政府は帰還兵を対象に手厚い住宅融資制度を設けて都市部での住宅建設を促した。だが、これに応じて四七年にレヴィット・アンド・サンズ社がニューヨークの郊外に建設を始めたのは、一万七四〇〇戸もの庭付き一戸建住宅地「レヴィットタウン」であった（橋本健二『階級都市』、ちくま新書、二〇一一年）。

このように、アメリカの郊外住宅地は大半が一戸建であり、せいぜい低家賃公営アパートのような貧困者に対する施設が例外的にあるにすぎなかった（「団地の人間関係学」、『朝日ジャーナル』六一年六月十八日号所収）。建築構法が専門の松村秀一によれば、アメリカでは政府あるいは公共機関が主体となって大量に集合住宅建設を行ったという意味でのマスハウジング期を特定するのが難しく、一棟で三戸以上を有する集合住宅の比率は、住宅総数の約二五％しかない（『団地再生』、彰国社、二〇〇一年）。

## 標準設計とソヴィエト

日本の団地に近い風景は、むしろロシア（旧ソ連）や旧東ドイツ、ポーランドなど、同じく戦災に見舞われて住宅不足が深刻化した旧社会主義国の大都市の郊外に多く見られる。ソ連では、第二次大戦中ドイツ軍により一七一〇の都市および七万以上の村落が全面的もしくは部分的に破壊され、失われた建物は六〇〇万以上におよび、二五〇〇万人が住居を失ったといわれている（藤田勇「国有住宅の管理」、有泉亨《ありいずみとおる》編『集合住宅とその管理』、東京大学出版会、一九六一年所収）。

そもそも、団地に相当する集合住宅が計画的に建てられるのは、第一次世界大戦後のベルリンやウィーンから始まったが、より大々的に見られるようになるのは、フルシチョフ時代のソ連であった。松村秀一は、「スターリンの死の翌年一九五四年、実権を掌握したフルシチョフは、一八年ぶりに『全ソ建設者会議』を召集、深刻な住宅不足に対応すべく、標準設計による大量な住宅建設の推進を主張した。（中略）なんといっても、フルシチョフ時代のソヴィエトの住宅建設を特徴づけたのは標準設計である」（前掲『「住宅」という考え方』）と述べている。

標準設計というのは、個々の住棟や団地の設計、建設にあたり、業務量を減らせるよう、間取りや配列などをあらかじめ決めておき、団地を問わずに使える標準として位置付けようとする制度を意味する。松村によれば、旧ソ連で「P3」「P44」などと名付けられた標準設計のシリーズは、旧ソ連以外の社会主義国の住宅地計画にも広く見られたという（同）。

建築家の松原弘典は、フルシチョフ時代に建てられた代表的な団地として、五八年に完成したモスクワ南郊のノーヴィ・チェリョームシキ第9街区をあげながら、こう述べている。

ノーヴィ・チェリョームシキで生まれた無装飾の、素っ気ない箱のような住宅の外観は、スターリン時代の表現過多な建築外観に対する反動、装飾の否定、というところから生まれてきたものだった。表現的な要素を建物外観から排除したという点において、こうした住宅建築においてはスタイルレスというスタイル、デザインレスというデザイン、あるいは「表現なし」という「表現」が求められていた。（中略）

モスクワ郊外、ノーヴィ・チェリョームシキに建ち並ぶ集合住宅。2009年撮影（撮影／著者）

ノーヴィ・チェリョームシキのピャチエタージカ外観。2009年撮影（撮影／著者）

「表現なしの表現」は、この後、大量に同じ住宅の複製が繰り返されることでよりはっきりした特徴を帯びるようになり、かつ大規模に都市景観を作ってゆくことになる。（「『表現なし』という『表現』」、『武蔵野美術』一〇七号、九八年所収）

スターリンの死去に伴い、フルシチョフが第一書記となった翌年の五四年から、失脚する六四年までの十年間に、モスクワでは標準設計にもとづく「大量に同じ住宅の複製」がつくられ、郊外の景観はスターリン時代と比べて大きく様変わりしたのである。

その多くは、ピャチエタージカと呼ばれる五階建の賃貸住宅であり、フルシチョフの政策で進められたのでフルシショーヴィ（フルシチョフのスラム）と揶揄《やゆ》された。ソ連の集合住宅には、住宅管理事務所とは別に自治会総会にあたる全入居者総会があり、その下に環境整備・緑化部、計画＝財政部、年金生活者世話部、文化・大衆活動部などからなる中央住宅委員会が置かれ、議長、副議長、書記が選ばれたが、これもまた役員会や代議員会や運営委員会で自治会の会長、副会長、事務局長などが選ばれ、各部会として環境対策部や公害対策部、財政部、生活部、福利厚生部、文化部などが置かれた日本の多くの団地自治会と似ていた（藤田勇「ソビエト」、有泉亨編『ヨーロッパ諸国の団地管理』、東京大学出版会、一九六七年所収）。

ワルシャワ・モコトゥフの集合住宅。2012年撮影（撮影／著者）

ソ連と同様の集合住宅は、旧東ドイツやポーランドなど、東欧諸国でも多く建てられた。九〇年には東西ドイツが統一したが、旧西ドイツでは六〇人に一人が団地住民であったのに対して、旧東ドイツでは四人に一人が団地住民であった（松村秀一『団地再生』、彰国社、二〇〇一年）。私が二〇一二年三月から四月にかけて訪れたポーランドの首都ワルシャワでは、〇九年八月に訪れたモスクワ同様、まだ市内のあちこちに五階建の住宅が残っていた（写真参照）。

## 本所標準設計による大量建設

日本で集合住宅が標準設計にもとづいて建設されるようになったのは、一九五一年に公営住宅法が制定されてからであった。公営住宅標準設計「51―C型」は、戦中期に住宅営団に属していた西山夘三が打ち出した食寝分離の発想を受け継ぐものであり、ダイニング・キッチン（DK）が初めて試みられた。

戦災と大都市への人口流入による住宅不足の解消を目的とし日本住宅公団が発足したのは、「51―C型」が発案されてから四年後の一九五五年のことであった。この年は、旧ソ連で住宅不足の解消を目的として標準設計による集合住宅の建設が始まった翌年、フルシチョフがスターリン批判の秘密演説を行う前年にあたる。鳩山一郎内閣は、日本住宅公団法を成立させたのに続き、五六年には日ソ共同宣言により日ソ国交を回復させた。

日本住宅公団は、団地におけるプライバシーの確保を強調する一方、発足当初より標準設計制度を指向した点で、同時代のソ連と共通していた。実際に公団は、職員を国交が回復して間もないソ連に派遣させ、団地建設の模様を視察させている。

六〇年にモスクワやレニングラード（現・サンクトペテルブルク）などを訪れた労組書記長の山田俊一は、「住宅建設は私達の見た限りにおいてはすべてプレファブ工法（立ておこし、組立て）で、現場でコンクリートを打つとか、足場が組まれているとかいうことは全然ありません。とにかく工場で規格どおり作られた部分を（壁、ドア、押入から階段にいたるまで、すべて）現場まで運搬し、それをタワー・クレーン（5t〜8t）でつり上げて図面どおり積み重ねていけばよいということです」（『いえなみ』六〇年八月号）と述べ、六三年八月にモスクワやレニングラードなどを訪れた本所調査研究課長の澤田光英も、「全国で数千ものこの住宅部材生産工場が、24時間3交替で絶え間なく部材をフル生産し、これの流れが現場に及んで、部材組立現場も、前記のクレーンを中心として24時間3交替でフルに活動している。そして、新しい5階建のアパート群が郊外市内に次々と生れ、人々は旧い家から移り住んで行く。（中略）一日に7000戸、これがソ連の住宅建設戸数である」（同、六三年十二月号）と述べている。

しかし他方、公団は初期にあたる五〇年代後半から六〇年代前半にかけて、本所標準設計という統一された寸法のほかに、東京、関東、大阪、名古屋、福岡の各支所ごとに支所標準設計と呼ばれる独自の寸法を用いるなど、まだそれなりの幅をもたせていた。

初期の代表的な大団地としては、前述した多摩平団地、ひばりヶ丘団地のほか、香里団地（大阪府枚方市、賃貸四八八一戸、分譲二二戸、計四九〇三戸、五八年十一月入居開始）、常盤平団地（千葉県松戸市、四八三九戸、六〇年四月入居開始）、高根台団地（千葉県船橋市、賃貸四六五〇戸、分譲二二〇戸、

**スターハウス**（写真提供／ＵＲ都市機構）

**フラットタイプ**（撮影／著者）

**テラスハウス**（写真提供／ＵＲ都市機構）

**ボックス型ポイントハウス**（撮影／著者）

計四八七〇戸、六一年七月入居開始）、赤羽台《あかばねだい》団地（東京都北区、三三七三戸、六二年二月入居開始）、草加松原《そうかまつばら》団地（埼玉県草加市、五九二六戸、六二年十二月入居開始）、豊四季台《とよしきだい》団地（千葉県柏市、四六六六戸、六四年四月入居開始）などがある。これらは、高根台団地を除いてすべて全戸賃貸ないし九九％以上が賃貸であった。

　この時期の団地には、三階建や四階建の中層フラットタイプのほか、上から見るとY字型をした中層住宅「スター型ポイントハウス」

（スターハウス）、四角い形状の中層住宅「ボックス型ポイントハウス」や、庭付きのメゾネット型低層住宅「テラスハウス」などがあった。

ところが六三年、公団では全国統一型標準設計「63型」が作成され、広くそのままの形で用いられるようになる。これに伴い、六三年度から七二年度まで、支所標準設計は禁止され、本所標準設計に統一される（前掲『「住宅」という考え方』）。それとともに、スターハウスやテラスハウスは建設されなくなり、四階建や五階建の中層フラットタイプが圧倒的多数を占めるようになって、建物の画一化が進んだ。

## 持ち家としての団地

一九六二年に建物区分所有法が制定されると、民間の高級分譲マンションが都心に建設されるなど、六三―六四年に第一次マンションブームを迎えるが、六〇年代後半以降になると、初期の大団地にはあまりなかった分譲タイプが、大団地でも多く建設されるようになる。

分譲は賃貸よりも広い３ＤＫや３ＬＤＫが主体で、六六年度からはより容易に住宅を取得できるよう、一時金の額を三十万円とし、当初五年間は元金を据え置く特別分譲の制度も導入された（『日本住宅公団20年史』、日本住宅公団、一九七五年）。本間義人が『居住の貧困』（岩波新書、二〇〇九年）で指摘するように、六六年の住宅建設計画法の制定とともに、政府の住宅政策が戸数と持ち家に一気に傾斜したことに加えて、団地の人気が高まり、賃貸でも予想以上に長く住む世帯が多いのを見た公団が、団地を一戸建に移るまでの仮の住まいではなく、住宅ローンを組んで買う持ち家として大々的に売り出したのである。

すなわち、この時期の大団地としては、依然として小平団地（東京都小平市、一七六六戸、六五年三月入居開始）や金剛団地（大阪府富田林市、五〇三二戸、六七年十二月入居開始）のような全戸賃貸の団地がある一方、武里《たけさと》団地（埼玉県春日部市、賃貸五五五九戸、特別分譲五六〇戸、計六一一九戸、六六年四月入居開始）、町田山崎団地（東京都町田市、賃貸三九二〇戸、特別分譲三〇〇戸、計四二二〇戸、六八年八月入居開始）、花見川団地（千葉県千葉市、賃貸五五五一戸、特別分譲八九〇戸、普通分譲六四〇戸、計七〇八一戸、六八年九月入居開始）など、賃貸と分譲が交じった団地も多くできている。

なかには、東急田園都市線沿線にできた田園青葉台団地（横浜市緑区〔現・青葉区〕、四三六戸、六七年四月入居開始）やたまプラーザ団地（同、一二五四戸、六八年三月入居開始）のように、総戸数は相対的に少ないながら全戸普通分譲の団地まで現れた。二〇一一年に建て替えが始まった多摩ニュータウン諏訪二丁目団地（東京都多摩市、六四〇戸、七一年三月入居開始）は全戸特別分譲であった。

分譲の団地では、民間の分譲マンションと同じく、建物区分所有法の規定により管理組合が成立するが、実際にはこれとは別に、自治会もできる団地が多かった点で、賃貸と共通していた。また外見に関しても、賃貸、分譲ともに四階建や五階建の中層フラットタイプで、区別のつかない団地が少なくなかった。

つまりフルシチョフ時代以降、モスクワやレニングラードの郊外に現れたのと同じ風景が、首都圏や大阪圏でも見られるようになるわけだ。「〔ソ連における〕社会主義部門の都市住宅の大部分は、四～五階のアパート型式で、エレベーターなしの階段式である。手近な例をとれば、わが国の各地に見られる公団をはじめとする鉄筋コンクリート造りのアパートを心に描けばよい」(前掲『増補団地のすべて』)。ここには、団地＝アメリカという先の図式とは全く異なる説明がある。

## 社会主義という理想

それだけではない。団地住民の政治意識もまた、保守よりは革新、資本主義よりは社会主義に共感的であった。吉見俊哉が前掲『親米と反米』で掲げた世論調査は、平山洋介が前掲『都市の条件』で掲げたデータと同様、あくまで「全国的」であって、都市部だけを対象としたわけではなかったことに注意しなければならない。

この点で興味深いのは、第二十九回衆議院議員総選挙が行われた六〇年十一月、読売新聞社が東京と大阪の郊外にある四十一の団地から無作為に抽出した二〇〇〇世帯に対して実施したアンケート調査である。有効回答数は東京六百九十九、大阪五百六十八の計千二百六十七で、調査結果は読売新聞社会部編『われらサラリーマン』(読売新聞社、一九六一年)に掲載された。サラリーマンを対象とするアンケートであるため、回答者に女性はいなかったと思われる。

そのなかに、次のような質問と回答があった(以下、数字の単位は%)。

①あなたは、これまで総選挙でどういう立場をとりましたか

| | 東京 | 大阪 | 計 |
|---|---|---|---|
| 革新系支持 | 58・4 | 57・5 | 58・0 |
| 保守系支持 | 36・7 | 36・9 | 36・8 |
| 無所属支持 | 0・8 | 1・5 | 1・1 |
| 無関心 | 4・1 | 4・1 | 4・1 |

②あなたの支持される政党は

| | 東京 | 大阪 | 計 |
|---|---|---|---|
| 自由民主党 | 26・3 | 34・8 | 30・0 |
| 日本社会党 | 55・4 | 43・1 | 50・0 |
| 民主社会党 | 8・7 | 12・5 | 10・3 |
| 日本共産党 | 2・8 | 4・0 | 3・4 |
| なし | 6・8 | 5・6 | 6・3 |

③革新政党を支持される場合、その理由はなんでしょう

| | 東京 | 大阪 | 計 |
|---|---|---|---|
| 社会主義国家のほうがいいと思うから | 46・4 | 42・2 | 44・7 |
| 保守政権ではわれわれの幸福は望めない | 45・1 | 45・0 | 45・0 |

| | | | |
|---|---|---|---|
| その他 | 8・5 | 12・8 | 10・3 |

まず、①と③に注目したい。①では東京でも大阪でも、保守系よりは革新系の支持のほうが、二○%以上も上回っているのがわかる。③の革新系を支持する理由としては、東京でも大阪でも、「社会主義国家のほうがいいと思うから」と「保守政権ではわれわれの幸福は望めない」がほぼ拮抗している。

保守政党の自由民主党が嫌だからという消極的支持に劣らず、社会主義という理念そのものに共鳴する積極的支持があったのである。これもまたアメリカでは考えられない現象といってよい。前述のような集団生活という居住形態や自治会での活動が、平等や公平といった価値を重視する社会主義に対する共感を生み出す一因となっているのは容易に想像できよう。

次に②に注目すると、支持政党としては東京でも大阪でも日本社会党が最も多く、両者を合わせると全体の半分を占めていて、二位の自民党を二○%引き離している。一方、同じ革新系でも、日本共産党の支持率は東京で二・八%、大阪で四・○%と極端に低くなっている。社会主義に共鳴しても、共産党を支持するわけではないということだ。

もともと社会党は、中間層の持ち家取得促進を政策に掲げる自民党に対抗して、借家の公営住宅の大量建設を主張していた（前掲『住宅政策のどこが問題か』）。公営住宅とは都営や府営などの住宅であり、公団住宅とは異なるが、この当時は公団住宅も公営住宅同様、ほとんどが賃貸であった。

公営、公団を問わず、東京や大阪における賃貸の大団地の相次ぐ建設は、社会党の政策に見合うばかりか、都市部における社会党の支持者を増やしてゆく結果をも招いたのである。

## 労働者階級の政党から新中間階級の政党へ

一方、日本共産党はどうだったか。

一九五五年、徳田球一（五三年死去）、野坂参三ら所感派主導の武装闘争路線を「極左冒険主義」としてしりぞけてからの共産党は、党是としてマルクス・レーニン主義を堅持する一方、五九年から『アカハタ日曜版』（現・『しんぶん赤旗』日曜版）を刊行したり、「アカハタ祭り」（六六年から「赤旗まつり」と改称）を開催したりするなど、ソフト路線への転換を図っていた。しかしながら、まだ議席数が三十五から一気にゼロになった五二年十月の第二十五回衆議院議員総選挙から立ち直ることはできず、六〇年十一月の総選挙でも三議席にとどまった。同年五、六月の安保闘争では、共産党は脱党した全学連を極左冒険主義のトロツキストとして批判したのに対して、団地のサラリーマンはむしろ全学連を支持していた。

前掲『不可能性の時代』の分析にしたがい、四五年から七〇年までを「理想の時代」ととらえるにしても、六〇年当時、団地に住む多くのサラリーマンにとっての「理想」は、アメリカではないが、だからといってソ連のような共産党独裁国家でもなかった。おそらく彼らは、特定の国家を想定していなかっただろう。けれども、社会主義という理想そのものは信じ、共産党よりは社会党を支持したのである。

こうした状況が変わるのは、日本共産党がソ連や中国の共産党を相次いで批判して自主独立路線を強め、社会党顔負けの団地政策を発表し、六二年に結成された新日本婦人の会に所属する団地の主婦層を中心に共産党の支持者が増えるようになってからである。

六〇年の総選挙で三議席しかなかった共産党の議席数は、六三年と六七年の総選挙で五議席、六九年の総選挙で十四議席、七二年の総選挙で三十八議席という具合に、順調に増えていった。七二年の総選挙では、東京1、4、6—8区、埼玉1区、神奈川1区、京都1区、大阪2—6区、兵庫1区で、共産党の候補者がトップ当選を果たしている。とりわけ、大団地の集まる多摩地域を選挙区とする東京7区では、共産党候補の土橋一吉が、二位の自民党候補、福田篤泰を三万票以上も引き離す二十万八千百十七票を獲得して圧勝している（『昭和47年12月10日執行衆議院議員総選挙の記録』、東京都選挙管理委員会、一九七三年）。

ソ連や東欧の団地は、社会主義の理念にもとづき、はじめから労働者階級のための住宅として建てられた。一方、日本の「団地族」は、社会主義を信奉してはいても、実際には社会学者の橋本健二が指摘するように、労働者階級とは区別された新中間階級に属していた。公団の団地はたとえ賃貸であっても、新中間階級を可視化する役割を果たしていたのである（『「格差」の戦後史』、河出ブックス、二〇〇九年）。

橋本の言葉を借りれば、本来、労働者階級の政党たるべき共産党は、六〇年代になると新興団地の新中間階級に支持基盤を広げてゆく。自らも元共産党員で、高根台団地に住んでいたルポライターの竹中労は、一九七〇年に書記局長となった不破哲三を揶揄しつつ、「日共が小ブルジョワ市民党と成り果て、団地女房から票をかせいどる現状」を痛烈に批判している（「エライ人を斬る」、『週刊読売』七〇年九月十一日号所収）。

## 「住宅の五五年体制」は当たっているか

夫はサラリーマン、妻は専業主婦で、子供は二人という核家族は、戦後、それも一九五五年ごろになって初めて広く見られるようになった。社会学者の落合恵美子は、これを「家族の戦後体制」と呼んでいる（『21世紀家族へ』、有斐閣選書、一九九四年）。出生数が二人に抑えられた背景には、中絶件数の急増があった（前掲『〈住宅〉の歴史社会学』）。

この体制を支えたのは、日本住宅公団の発足に始まる「住宅の五五年体制」であった。ジェンダー学者の西川祐子は、こう述べている。

「男は会社、女は家庭」という性的役割分担を原則とする団地住宅には、愛妻物語が似合うのである。夫婦とその子どもが形成する核家族が標準家族とされた。多様な家族のそれぞれのための住宅ではなく、団地住宅のサイズが家族のサイズを決定するという逆立ち現象が普通のこととなった。（『住まいと家族をめぐる物語』、集英社新書、二〇〇四年）

おそらく、皇太子夫妻の訪問を受けたひばりヶ丘団地の横井家も、性的役割分担がはっきりした夫婦の一つだったのだろう。読売新聞社による先のアンケート調査でも、「奥さんと共かせぎですか」という質問に対して、「共かせぎ」と答えたのは、東京で一二・一％、大阪で四・五％にすぎなかった（前掲『われらサラリーマン』）。

しかし、少なくとも初期の団地に関する限り、「男は会社」ばかりでなかった。また「女は家庭」というのも、必ずしも当たっていない。家電製品の普及に伴う余暇時間の増大は、「団地夫人」が自治会やサークル、あるいは後述する居住地組織に入り、保育所や幼稚園の開設を要求したり、集会所などで多様な活動を行ったりすることを可能にしたからである。こうした活動を通して、女性もまた現実の政治に対する批判的な視点を育んでいくことになる。

歴史学者の丸浜江里子は、日中戦争後につくられた町内会や隣組では、戦場や職場に出向いて留守がちだった男性に代わり、女性が活躍することが多く、家族制度のもとで抑圧されていた「嫁」が堂々と家を空けられたことに注目しつつ、こう述べている。

総力戦は多くの犠牲を女性に強いた抑圧的な体制だったが、家庭という小世界に生き、社会に触れる機会を持たなかった都市中間層の女性たちに、地域の人々と触れ合って活動する機会と社会的訓練と自信、そして舅・姑の束縛から解放される時間を与えた面もあった。（『原水禁署

名運動の誕生』、凱風社、二〇一一年）

もちろん、戦中期には三世代同居が一般的だったから、核家族を標準家庭とする戦後の団地とは家族構成が異なる。町内会や隣組が国策の一環としてつくられ、戦争協力を前提とする行政の下部機関となったのに対して、団地自治会は住民が自発的につくり、公団や行政に対する批判を積極的に行うようになった点も違う。けれども、女性を家庭から解放し、男性以上に地域での活動を行うことを可能にした点で、隣組と団地自治会はつながっている。隣組で普及した回覧板は、団地自治会でも大いに活用された。

## 六〇年安保闘争と団地

ここで改めて、五五年から六〇年までの流れを整理しておこう。

日本住宅公団が発足したのは、五五年七月のことであった。同年十月、左派と右派に分裂していた日本社会党が再統一し、翌月には、保守合同により自由民主党も結党されたことで、いわゆる五五年体制が始まった。同年には、五〇年以来、所感派と宮本顕治、志賀義雄ら国際派に分裂していた日本共産党も、再統一を果たしている。

五九年四月には、皇太子明仁が正田美智子と結婚。六〇年五〜六月には、日米安全保障条約の改定に反対する安保闘争がピークに達した。同年九月、皇太子夫妻はひばりヶ丘団地を訪問してから、訪米の旅に立った。

ひばりヶ丘団地をはじめとする初期の団地が建てられる時期は、皇太子が結婚する時期であるとともに、多くの住民が政治に目覚めた六〇年安保闘争の時期とも重なっていた。コンクリートの壁に象徴される「私生活主義」と団地自治会に象徴される「地域自治」とが、同時並行的に現れたのである。

社会学者はこれまで、団地を主に前者との関係だけでとらえていた。いや、社会学者だけではない。「戦後間もない頃に公団の『2DK』を見て、こんなところに住むことができたら、と多くの人が思ったはずである。その体験はあまりにも鮮烈で、いまでも私たちはその『一住宅＝一家族』的生活に呪縛され続けているのである」（前掲『地域社会圏主義』）と述べた建築家の山本理顕も同様である。しかし、前者と後者、「私生活主義」と「地域自治」双方の関係でとらえなければ、団地の根底に流れていた思想を理解することはできない。

自治会だけではない。五〇年代後半に建設された多くの団地では、安保闘争に触発される形で居住地組織がつくられてゆく。例えば、香里団地の「香里ヶ丘文化会議」、ひばりヶ丘団地の「ひばりヶ丘民主主義を守る会」、多摩平団地の「多摩平声なき声の会」、常盤平団地の「常盤平市民の会」などがそうである。

一九五七年三月に入居が始まった千葉県柏市の光ヶ丘団地（九七四戸、全戸賃貸、現・グリーンタウン光ヶ丘）で集会所がつくられて以来、団地では必ずコミュニティの中核施設として、集会所が設けられるようになった（前掲『日本住宅公団10年史』）。自治会や居住地組織は、しばしばこの集会所を利用するようになる。

もちろん、たとえ自治会がつくられても、団地によって自治会の活動がさかんなところと、そうでないところがあった。居住地組織までつくられた団地は、全体からすればむしろ少数派だったろう。『新婦人しんぶん』には、小平団地や都営村山団地で家賃や公共料金の値上げに苦しむ主婦が内職に励む姿が紹介されている（六六年三月十日、六九年二月十三日）。こうした主婦にとっては、自治会の活動にも十分な時間がとれなかったに違いない。だがいずれにせよ、団地住民が決してマイホームに安住していたわけではないことだけは確かである。

団地が抱える問題は多岐にわたっていて、自治会はもちろん、居住地組織もまた社会的要求を掲げることが少なくなかった。要求は、団地を建てた公団や自治体、私鉄会社やバス会社、国鉄、さらには政府へと向かった。団地では、「一住宅＝一家族」を仕切るコンクリートの壁を越える形で、住民どうしがしばしば集まっていたのである。

安保闘争の挫折とともに新左翼は四分五裂の状態に陥ったが、郊外の団地では、安保闘争の遺産が民主主義について考える機会を与えた。確かに、野田佳彦内閣が原発の再稼働を決めても首相官邸前の抗議活動がおさまらない現在とは異なり、安保闘争は六〇年六月に新安保条約が自然成立するや、終息へと向かった。しかし、たとえ国会前で安保反対を叫ぶことはなくなっても、「政治の季節」は続いていたのである。その具体的事例として、次に大阪府枚方市の香里団地を取り上げよう。

# 第二章●大阪——香里団地

## 2—1　香里ヶ丘文化会議の発足

### 香里団地の誕生

近代日本の郊外住宅の歴史は、大阪から始まる。

一九一〇（明治四十三）年、箕面《みのお》有馬電気軌道、現在の阪急電鉄の梅田―宝塚間と石橋―箕面間が開通したのに伴い、創業者の小林一三《いちぞう》は沿線の池田駅に近い室町に分譲住宅の第一号となる「池田新市街住宅」を開発した（原武史『「民都」大阪対「帝都」東京』、講談社選書メチエ、一九九八年）。都市の中心部と郊外を鉄道でつなぎ、サラリーマンが電車で通勤するというライフスタイルは、このときに確立された。それが東京の私鉄にも本格的に広がったのは、一九二三（大正十二）年九月に関東大震災が起こってからであった。

まず大阪の郊外に新しい住宅地が生まれ、そのスタイルが東京に受け継がれるという歴史は、戦後も繰り返された。一九五五（昭和三十）年七月、日本民主党を与党とする第二次鳩山一郎内閣のもとで日本住宅公団が発足すると、公団初の賃貸住宅として、大阪府堺市に金岡団地（九〇〇戸、現・サンヴァリエ金岡）が建てられた。この団地は、ガス風呂、洋式便所、ステンレスの流し台が付いた画期的なもので、家賃は２Ｋが四千五十円、２ＤＫが四千八百五十円であった。入居開始は五六年四月である。

　その半年後、大阪府枚方市に「東洋一の団地」と呼ばれる公団香里団地の建設が始まった。その場所は、大阪府と奈良県を分ける生駒山地の北側にあたる「丘陵地帯のほぼ中央部にある小盆地状のやや広い浅い谷間」（小寺廉吉「『団地』の諸問題とその系譜」、『地理』六四年二月号所収）を中心としていた。

　ここにはかつて、日本一と呼ばれる火薬庫があった。一九三九年に建てられた宇治火薬製造所香里工場（四二年に東京第二陸軍造兵廠《ぞうへいしょう》香里製造所と改称）である。敗戦とともに製造所は廃止され、その跡地は米軍が一時接収してから、大蔵省近畿財務局が管理していた。枚方市は五三年、跡地を住宅や商店街などに転用する計画を立て、近畿財務局に払い下げを申請したが、自衛隊が駐屯地と火薬貯蔵庫に利用する計画もあって、払い下げの見込みが立たなかった。それが一転して、跡地全体が日本住宅公団に買い上げられたのは、地元住民が組織した「香里製造所再開反対同盟」や「香里園文化団体連合会」による陳情があったからである（枚方市史編纂委員会編『枚方市史』第五巻、枚方市、一九八四年）。

　後に香里ヶ丘文化会議の主要メンバーとなる大淵和夫はこう述べている。「香里団地とは、日本住宅公団が〝東洋一〟の規模をめざして、戦争中、陸軍造兵廠大阪工廠（正しくは東京第二陸軍造兵

“東洋一”の規模をめざしてつくられたという香里団地。1959年撮影（写真提供／毎日新聞社）

廠――引用者注）香里製造所のあった四十二万三千坪の敷地あとにつくった大団地である」（「香里ヶ丘文化会議」、思想の科学研究会編『共同研究　集団』、平凡社、一九七六年所収）。この点で香里団地は、陸軍被服本廠の跡地に造成された東京の赤羽台団地（全戸賃貸、三三七三戸、現・ヌーヴェル赤羽台）と似ているが、香里団地の場合、戦時中の痕跡は完全には消えず、団地ができても「陸軍用地と彫り込まれた境界標識の石柱が、住宅の間に点々と残ってい〔た〕」（『香里団地新聞』六八年一月一日）。

**画一化が破られる風景**

香里団地の入居が始まったのは五八年十一月、ほぼ完成したのは六二年三月であった。総戸数は四九〇三戸で、九九・六％が賃貸。枚方市の人口の二〇％にあたる一万七七〇〇人が、この団地に住んでいた。

団地の完成に合わせて、市役所の出張所、派出所、郵便局、診療所、スーパー、小学校なども併設された。スーパーは大丸ピーコック（現・ピーコックストア）で、六〇年に開店し、スーパーマーケットチェーン店の第一号となった。

団地はAからEまで五つの地区に分かれていて、B地区を中心にスターハウスが二十三棟もあったほか、B地区とC地区にはテラスハウスなどの低層住宅群が、D地区には高層のV字型住宅がそれぞれ並んでおり、公団初期に建てられた団地ならではの多様な住宅群が、団地特有の画一的な風景を免れさせていた。

もともと火薬庫しかなく、人が住んでいなかった丘陵地帯に建てられたことも、画一的な風景が破られる要因となった。ノンフィクション作家の上坂冬子《かみさかふゆこ》はこう述べている。


乗入れて、まずわたしはあっと意表をつかれる思いだった。団地といえば、広い平面上にいっせいにコンクリートの衝立《ついたて》が並ぶのがこれまでの常識だと思うけれど、ここ香里は起伏に富む緑地帯で、丘の上に、あるいはまた、なだらかな谷間に、クリーム色の箱がうねうねとつづいている。（「香里」、『朝日ジャーナル』六二年七月一日号所収）

首都圏では当時、武蔵野台地や下総《しもうさ》台地を含む関東平野のフラットな地形の上に建てられる団地がほとんどであった。六〇年八月に入居が始まった川崎市の百合ヶ丘団地〔総戸数一七五一戸、全戸賃貸〕のような例外もあるにせよ、町田市や川崎市、横浜市などの丘陵地帯に公団の大団地が次々にできるのは、六〇年代後半になってからである。

平野部が広い首都圏に比べて、相対的に平野の面積が小さい大阪圏では、それだけ丘陵地帯に団地が建てられる時期が早かった。東京の多摩丘陵に造成された多摩ニュータウンへの入居が始まるのが七一年だったのに対して、大阪の千里丘陵に造成された千里ニュータウンへの入居は、それよりも十年近く早い六二年から始まっている。

## 香里ヶ丘という場所

枚方市の中心部は、淀川右岸の平野部にあった。香里団地のある丘陵地帯は、枚方市の中心部から二・五キロあまり離れており、京阪電気鉄道の枚方市、枚方公園、香里園のいずれの駅からもバスで行くしかなかった。

鉄道の駅からこれほど離れた大団地は、首都圏にはまだなかった。

都市社会学者の磯村英一は、「同一の住居地域であっても、交通の便利が非常によい場合、つまり歩行による交通の少〔な〕いところは、地域共同体意識の形成がうすくなる。団地が鉄道軌道の沿線駅に直結して形成されるか、それとも、駅から何分かの時間的・距離的間隔にあるかは、その団地の共同体的性格を決定する重要な因子となる」〔「団地社会形成の社会学的意義」、『都市問題研究』

第一二巻第九号、六〇年所収）と述べたが、枚方市の中心駅である枚方市からターミナルのある新香里まで、バスで十二分もかかる香里団地は、「地域共同体意識の形成」を促すのに絶好の環境にあったといえる。

枚方市の中心部から離れたところに、市の二〇％にあたる人口が住んでおり、その一帯は全くの新市街で、周囲から孤立していたわけだ。前掲『枚方市史』第五巻は、建てられたばかりの香里団地に入居してきた人々の特徴をこう説明する。

香里団地の出現は、大部分が農村集落の枚方市に新しい生活を付与した。モダンな生活スタイルを身につけた団地の住民は団地族と呼ばれ、市内に種々の影響を与えた。枚方市役所香里ヶ丘支所の調査によると、団地入居者は年齢二二、三歳から三〇歳までの人が多く、家族は平均二・六人であった。その八〇％が一般事務の会社員で、技術者がこれに次ぎ、家賃やガス・水道料金を会社が負担する者も多く、比較的恵まれた若いサラリーマンが中心であった。幹線道路以外はほとんど舗装されていない旧市内と違って、すべての道路が舗装され、内容の充実した諸施設が計画的に配置され、都市ガス・下水道などの完備したニュータウンの中層鉄筋の住宅に住む彼らは、主として大阪市内へ通勤し、旧市内とは異なった社会を形成した。

団地に入居したのは、二十代の夫婦で子供一人という核家族が多かったわけだ。これが数年たつと、子供が二人になるのは後に見る通りである。

東京大学新聞研究所（現・東京大学大学院情報学環・学際情報学府）が六一年に行った調査によれば、香里団地では大企業に勤めるサラリーマンが全体の四六％を占めていた（前掲「団地の人間関係学」）。一方、高齢者や大学生、単身赴任者などの比率は高くなかった。

すべての道路が舗装され、内容の充実した諸施設が計画的に配置され、都市ガス・下水道などが完備した香里団地は、関西の一大名所となり、観光バスが連日押し寄せるようになった。それまでの大阪圏の高級住宅地といえば、阪神間の阪急沿線を指すことが多かった。ところが、最先端のモダンな住宅が沿線に生まれ、団地住民が多く利用するようになることで、京阪電気鉄道のイメージが大きく変わってゆくのだ。首都圏では、ひばりヶ丘団地や新所沢団地などが沿線に誕生した同時代の西武鉄道や、常盤平団地や高根台団地などが沿線に誕生した同時代の新京成電鉄にも、同じようなことがいえるだろう。

## ダンチでの付き合い

バスと京阪を乗り継ぎ、京都大学人文科学研究所に通った仏文学者の多田道太郎は、五八年の入居開始と同時に香里団地B地区のテラスハウスに住んだが、初めて水洗便所を見たときの衝撃を、「このテラスハウスというのに入って、先ず目を射たのは白陶器の神々しい水洗トイレだった。これは決定的に新しい生活スタイルを暗示していた」（「時代の気分変化」、『多田道太郎著作集』2、筑摩書房、一九九四年所収）と記している。冷蔵庫、洗濯機などの家電製品の普及率も、全国平均はもちろん、関東の団地より高かったことは、第一章で触れた通りである。

だが、「（分譲の戸建を除く）香里団地四八八三戸の内、二Kと二DKで六十％を占め、一DKを合わせると、実に七二％になる。ほとんどが二DK以下の住宅に住んでいることになる。そのうえ、いわゆる〝団地サイズ〟のたたみは、普通のたたみよりもだいぶ小さい」（『香里めざまし新聞』六八年三月十五日）から、2DKでもせいぜい四〇平方メートル台しかなかった。多田道太郎は、「団地ぐらしの一世帯分の空間は狭い。四十平方メートルもあったろうか。親子三人、机やピアノの下に足をのばして寝るありさま」（前掲「時代の気分変化」）と述べている。

団地では、鍵一つでプライバシーが確保される反面、他者への無関心も生まれやすくなる。多田は、こうした団地の人間関係を、特急列車の車内にたとえている。

ダンチでのつきあい、人間関係というと、わたしはいつも東海道線の特急列車を思いだす。隣りあわせにすわった人物との、気づまりな六時間を思いだすのである。（中略）特急の乗客はどうして気軽なお喋りをしないのだろう。これはかねての疑問である。ローカル線だとずっと開放的だ。見知らぬお百姓、商人といった人と、何時間かお喋りする。東海道ではたがいに物体みたいなものだ。物体がモノをいうとギョッとする。

特急の乗客はおおむね均質である。背広をきたホワイト・カラー風。大都会の住民らしく地方色を拭《ぬぐ》っている。地方線にくらべてずっと乗客の色あいが単調だ。(「つきあいの荒地、団地生活」、『婦人公論』六一年二月号所収)

この文章が書かれた六一年当時、東海道新幹線はまだ開業していなかった。多田のいう特急列車とは、東海道本線を走り、六四年十月の新幹線開業とともに廃止された「こだま」や「つばめ」などの電車特急を指している。

だが、特急列車に比べて「ずっと開放的」だったのは、ローカル線ばかりではなかった。月刊誌『思想の科学』の同人だった思想家、安田武との対談のなかで、多田は「関西でも今は少ないと思うけれども、すこし前までは電車の中での新聞の貸し借りというのは、わりあい多かった。共同体的というか、そんなものが残ってたみたいですね。ところが東京のブルジョワからみると、それは耐えがたい下賤《げせん》なことなんだな」と述べているからである(『関西　谷崎潤一郎にそって』、ちくまぶっくす、一九八一年)。

## 関東と関西の違い

香里団地から埼玉県草加市の草加松原団地に引っ越した杉本延人は、関東と関西の団地の違いに気づくことになる。「香里が、起伏のある地形をうまく利用してアパート群を配置してあるのにたいし、こちらは平坦な土地に機械的に建て物をならべただけで変化にとぼしいのです。フラットなところに建てられたアパートが、これほど味気ないとは思いませんでした」(『香里団地新聞』六七年十二月一日)。

さらに大きな違いは、夕刻以降に現れる。「団地のなかには私鉄の〔松原団地〕駅があります。夏の夕方など、この駅に五十組近くの家族がたむろして亭主の帰還を待ちます。(中略)早く主人の姿を見つけた奥さんは、あたりのせん望の眼を意識しながら引きあげる。残されたカミさん族は、奥歯をかめ〔み〕しめながらつぎの電車を待つ。午前さまにでもなれば亭主の運命は——想像しただけでも身のケがよだちますね。仮に香里団地のなかに私鉄の駅があったとして、こういう事態が予想されるでしょうか」(同)。

車内でも見知らぬ客どうしが気軽に声をかけあい、近所付き合いもさかんな関西と、ウチとソトの区別が厳格で、家族の絆は異様に固い反面、他人には冷たい関東という違いが浮かび上がってくるようではないか。多田道太郎は、「私たちの団地は文字通りベッドタウンで、寝るだけの能しかない。だがそれだけではつまらないし、私のような小人は、良くないことを考えるようになる。しゃべりあいのためのクラブがぜひほしいが、公団がつくってくれないから、私たちの手で、つくりあげるよりほかに手がない。たのしいクラブをつくって団地の寝る文化をヨーロッパ風のしゃべる文化——南方系の踊る文化や歌う文化、日本在来の飲む文化ではなく——にしたい」(『香里めざまし新聞』六〇年九月四日)と述べている。

こうした考えのもとに設立されたのが、「香里ヶ丘文化会議」である。

## 文化会議の発足

香里団地には、五九年八月に香里団地自治会ができた。全国の大団地で二番目、関西では初の本格的な団地自治会であった。任意加入で、会費は月に二十円。自治会とは別に、各地区の婦人会もできている(『香里団地新聞』六八年十一月一日)。

だが、団地にできたのは、自治会や婦人会だけではなかった。皇太子夫妻がひばりヶ丘団地を訪れた二日前の六〇年九月四日には、香里ヶ丘文化会議が旗揚げした。香里ヶ丘とは、香里団地がある枚方市の地名であった。

かねて香里団地在住の有志のあいだで話しがすすめられていた「香里ヶ丘文化会議」は、いよいよ九月四日をもって正式に発足することになり、同日午後二時よりB地区中央集会所において、第一回会員総会兼発会式が行われる。

この組織は、団地における生活を、たんに寝るためだけの生活にせず、もっと文化的に意義あるものとするための、自主的・民主的な組織であって、つぎのような設立趣旨により文化活動を行うものである。

(中略)

私たちはコンクリートの壁にへだてられて、ともすれば、バラバラになりがちです。私たちの考えていること、感じていることを交流する、自主的な話しあいの場をつくり、生活の向上を期したいと思います。そのために民主主義的なやり方で、つぎのような文化活動を行います。

一、会員懇談会　　二、研究会
三、同好会　　四、講演会
五、映画会　　六、その他

旗揚げの模様を伝えたのは、香里ヶ丘文化会議の会報である『香里めざまし新聞』1号（六〇年九月四日）である。大阪府立淀川工業高校（定時制）教諭で、京大出身の大淵和夫が新聞発行人となった。大淵は哲学者で、五九年に発行された『哲学・論理用語辞典』（三一書房）の編者になっている。ほかにも、メンバーには京大人文科学研究所に勤める多田や樋口謹一が含まれており、京大関係者が多くを占めていた。大阪大学、神戸大学、関西大学、関西学院大学、神戸女学院大学など、沿線に多くの大学が集まる阪急沿線とは対照的に、京阪沿線には大学が少なかったが、枚方市から急行に乗れば、京大に近い三条までは三十四分で行けた。

香里団地B地区に住んでいた大淵、多田、樋口は、もともと一九四六年に丸山眞男や鶴見俊輔らによって創立された「思想の科学研究会」の会員であり、同じく当時、京大人文科学研究所に勤めていた鶴見を介して交流があった。だが、「〔文化会議の〕メンバーは当初五十名に満たず、それも名目だけで実質は二十数名、そのうちアクティヴ・メンバーは十名内外」（前掲「香里ヶ丘文化会議」）にすぎなかった。

こうした組織を結成するさいには、当然規約を定める必要がある。ところが香里ヶ丘文化会議では、「すこしでも多くの会員の討議を経たうえで規約をつくるために」（『香里めざまし新聞』六〇年九月四日）、規約の決定を先延ばしすることにした。

結局、規約はつくられなかった。このことは文化会議とは何かを一言で説明できず、会のイメージが拡散する要因となった。

### 『香里めざまし新聞』の発行

にもかかわらず、団地全体を動かすだけの影響力を及ぼすことができたのは、ひとえに『香里めざまし新聞』という活字印刷の新聞を定期的に発行したからである。この新聞は広告収入により、団地全戸に毎月無料で配布された。

文化会議の主要メンバーは男性であった。そのなかには、前述した思想の科学研究会の会員のほか、後に枚方市議や大阪府議となる諸田達男のような、日本共産党の党員もいた。一方、新聞の編集や発行のスタッフは主婦が占めた。後述する新日本婦人の会枚方支部香里班のメンバーとなる鶴尾弘江もその一人であった（「いくつもの新しい経験」、諸田達男追悼集編集委員会編『葉は落ちてもやがて緑はぐくむ――諸田達男追悼集』、せせらぎ出版、一九九七年所収）。

同じころ、常盤平団地に住み、すでに日本共産党で頭角を現していた上田耕一郎は、思想の科学研究会を修正主義の一潮流として批判していたが（「プラグマチズム変質の限界」、上田耕一郎・不破哲三『マルクス主義と現代イデオロギー』上、大月書店、一九六三年所収）、香里ヶ丘文化会議では両者が共存していた。もっとも文化会議ができたころは、団地に住む共産党員がまだ多くなく、文化会議でも少数派にとどまった。

メンバーの思想傾向を反映してか、『香里めざまし新聞』は西暦表記だけで、元号をいっさい使わなかった。六一年五月十日創刊の『香里団地自治会報』（後の『香里団地自治会新聞』）が元号表記だったのとは対照的であった。

## 市民会議でなく文化会議

一九六〇年という年は、安保闘争の年でもあった。大淵、多田、樋口は当初、「団地で安保反対のデモを」を合言葉に、「市民主義の団地における実践」「真なる民主主義の実現」を目指す「市民会議」をつくろうとした。同年六月二十二日に開かれた第一回準備委員会では、「民主主義には抵抗権が不可欠である」ことを強調するとともに、「日本の民主主義は、まだ充分に、その根を国民の日常生活のあいだにおろしてはいない」から、「職場を中心とする組織の活動ばかりでなく、居住地域を単位とする市民生活と直結した民主的組織の活動が必要だ」とした（前掲「香里ヶ丘文化会議」）。

歴史社会学者の小熊英二が指摘するように、市民という言葉は共産党にとって「プチブル」と同義であり、忌避されるべきであった。ところが、ここでいう市民とは、フランス革命によって出現した「シトワイアン」を意味し、独立と連帯が同時に実現している状態を指している。安保闘争は、「市民」がプラスの価値をもって使われる画期となったのである（『〈民主〉と〈愛国〉』、新曜社、二〇〇二年）。

ところが、設立総会にこぎつけた九月四日には、岸信介内閣は退陣して池田勇人内閣に変わっており、六〇年安保闘争はもう終わっていた。「安保反対の闘争の挫折を反映してか、市民の行動委員会としてのグループよりも、文化サークルとしてのイメージを追う空気が強まった。こうした風潮には、『市民会議』の名称はなじみにくい。結局、創立総会でも懸案として残され、一週間後の九月十一日の世話人会で『文化会議』と正式に決った」（前掲「香里ヶ丘文化会議」）。ちょうど同じころ、安保闘争に触発されて生まれた「声なき声の会」が、個人の自発性を尊重する市民組織としての形態を保ちながら、「ベ平連」（「ベトナムに平和を！ 市民文化団体連合」、のち「ベトナムに平和を！ 市民連合」）に発展してゆくようなことはなかったわけである。

それでも香里ヶ丘文化会議は、ただしゃべることだけを目的とした知識人たちの優雅な「文化サークル」となったわけでは決してなかった。安保条約の中身そのものを問うような発想はなかったものの、香里団地に住み続ける限り、政治的に解決しなければならない問題は依然として残っていたからである。「文化会議は、そうした名称のユガミにもかかわらず、その活動の経過と成果は、むしろ市民主義的であった」（同）。

## 2—2　民主主義の追求

### 政治的関心が高い香里団地住民

たとえ「市民会議」が「文化会議」になろうが、また安保闘争が終息し、岸内閣から代わった池田勇人内閣が進める「所得倍増」政策により、高度成長の時代を迎えようが、文化会議のメンバーたちは安保闘争にさいして集まった原点を忘れず、民主主義に対する関心をもち続けた。彼らは、六五年四月に発足したべ平連のようなデモ行進などの政治運動は行わなかったが、民主主義を問い直してゆく姿勢に変わりはなかったのである。

香里団地では、もともと政治的関心の高い住民が多かった。六〇年十一月の衆議院議員総選挙では、枚方市全体の投票率が男女平均で六八・五%だったのに対して、香里団地では男子が七六%、女子が七四・五%に達した。総選挙前の「三党首テレビ討論会」の視聴率も、東京都区内の男女平均視聴率が二六・六%だったのに対して、香里団地では七三%と、三倍近くも高かった（『読売新聞』六三年三月十九日）。

香里ヶ丘文化会議の活動は、このような「日本の団地族の最高水準」（同）といわれた住民の政治意識に支えられていたわけだ。

## 多田道太郎と大淵和夫の「民主主義」

多田道太郎と大淵和夫は、それぞれこう述べている。

民主主義ということばが、足のない「オバケのQ太郎」みたいな存在になりつつある今、わたしたちは、この団地から、この小さな一地域から「民主的」とは何か、何が「ほんとうの」民主かということを、わたしたちの眼と手でたしかめてゆきたいと思っています。政党や宗教団体の意志によるのではない、わたしたち一人ひとりの自由な意志から、自由な連合、自由な運動をつくりあげてゆきたいのです。(『香里めざまし新聞』六五年九月二十五日)

「住みにくい香里団地」を不完全ながらもよりよきものにつくりかえることにより、この運動を他の団地にもおしひろげ、それらの団地が手をつなぐことにより、何年か、何十年か先には団地からの日本の改革が幾分ながらも実現している、というヴィジョンをもっていた。それはまた同時に、地域民主主義の実現運動であり、各地域で民主主義が実現し、それがつながってゆけば、いつかは日本全体の民主主義が実現する、という展望でもあった。(前掲「香里ヶ丘文化会議」)

両者に共通するのは、政党や宗教団体ではなく、個人を基盤とする民主主義であり、国家を単位とする上からの民主主義ではなく、地域に根差した下からの民主主義であった。大淵はさらに、

「市民運動の機能と課題」と題した文章で、こう述べている。

市民運動とは、その基礎に「反抗権をもっている人間回復」の社会的行動ということではないだろうか。政府体制としての民主主義が、その基礎に「反抗権」(為政者が為政者としての義務をはたさないとき、それに対して人民は反抗する権利義務がある、という考え)をもたねば、それは必らず堕落の道をたどるであろうことは、ジョン・ロックの言をまたずとも古今東西多くの史実の教えるところである。(『香里めざまし新聞』六六年二月二十五日)

大淵は、民主主義の根底に「反抗権」を位置付け、ジョン・ロックに言及する。これはロックの『統治二論』に出てくる抵抗権や革命権を意識したものであった。しかしその背景には、一九六一年に大阪府立淀川工業高校に抜き打ちで導入された文部省による全国高校抽出学力テストに対する抵抗の体験があった(鶴見俊輔「前の編者のこと」、思想の科学研究会編『新版哲学・論理用語辞典』、三一書房、一九九五年)。

多田や大淵は、社会主義とは意識的に距離を保ちつつ、主に社会契約論的な見地から民主主義をとらえている。それは、団地で日本共産党が躍進する六〇年代の思想潮流から見れば、いささか古風な、そしてブッキッシュな考え方に見えたに違いない。

## 樋口謹一のルソー研究

京大人文科学研究所で政治思想史を研究した樋口謹一は、五〇年代から桑原武夫のもとで、多田道太郎らとともにルソーや中江兆民の研究を一貫して続けた。それはまさに、香里ヶ丘文化会議での活動と連動していた。京大人文研の研究報告『ルソー論集』（岩波書店、一九七〇年）に収められた樋口の論文「ルソーのパトリオチスム」の最後には、次のような一節がある。

現代は、国内的には集団の時代、国際的には大国の、さらには超大国の時代である。すべての次元における「政治体」を、ことにその「自尊心」的ナショナリズムのみに着目し、役割分担（＝分業）と代表ないし代行（＝指導・随従＝支配・服従＝不平等）による間接民主主義の原理のみに執着するならば、民主主義の形骸化をふせぎとめるすべはあるまい。それだけに、これらの全否定たる、ルソー的直接民主主義の理念に、わたしたちもあくまで固執すべきではあるまいか。（中略）たとえ実現は不可能にもせよ、無限の近接につとむべき目標として、固執すべきではなかろうか。（中略）

コミューンの確立、そしてコミューン連合への不断の努力によってのみ、「市民社会」における権力の〝強制〟ないし〝管理〟〝操作〟に抵抗して、「欲しないことを行なわない」自由＝幸福は守りうるであろう。

樋口は、多田や大淵と同様、地域に根差した民主主義を重視するが、同じ民主主義でも、大淵が立法部（議会）の存在を前提とするロックに言及したのに対して、「ルソー的直接民主主義」の重要性を訴えている。抵抗権を尊重する点では大淵と共通するが、樋口は香里団地が「コミューン」となり、国家権力から独立することを、「たとえ実現は不可能にもせよ、無限の近接につとむべき目標」としてあげているのだ。「各地域で民主主義が実現し、それがつながってゆけば、いつかは日本全体の民主主義が実現する」という先の大淵の言葉を、樋口は自らのルソー研究に接合させたといえよう。

なお、ルソー的直接民主主義に対する樋口のこだわりは、六七年に「べ平連」が米軍の脱走兵援助に関する記者会見を行ったさい、「べ平連有志」名義で声明を出したことに対する批判となってあらわれた。樋口は、「意志が一般的であるためには、意志が全員一致のものであることは、つねに必ずしも必要ではない。しかし、すべての票（声）が数えられることは必要である。形式のうえでの除外はすべて、一般性を破壊する」という『社会契約論』第二編第二章の文章を引用しながら、「一般意志、つまり全人民の意志の支配のもたらす直接民主主義、それこそ私たちがみずからに課すべき変革主体の原理ではないでしょうか」と述べている（「べ平連――学生と市民の間」、『中央公論』六八年十一月臨時増刊号所収）。同様の考え方は、香里ヶ丘文化会議に対しても向けられていたに違いない。

## 保育所の開設

多田、大淵、樋口、そして諸田らを主要メンバーとする香里ヶ丘文化会議が目指す民主主義は、まず第一に保育所の開設という形となって実践された。

六〇年三月、香里団地を訪れた作家の今東光《こんとうこう》は、日本住宅公団大阪支所募集課長の杉山幹之助の「どうです。こういうおしめの満艦飾《まんかんしょく》は…」という問いに対して、「盛んなもんだね。実に生産意欲が旺盛だね」と答えている（「人呼んで『ニュータウン』」、『いえなみ』六〇年四月号所収）。六二年に香里団地を訪れた上坂冬子もまた、「買物に往来する主婦のなかには異様なまでに妊婦が多い」と記した（前掲「香里」）。

一九六一年の時点で、団地一世帯の平均はすでに三・四人（『香里団地自治会新聞』六一年十一月二十二日）に増えていた。この数字は、一世帯あたりの子供の数が一人から二人に増えたことを反映していた。

香里団地に入居した住民の多くは核家族であったから、乳幼児が増えても、預けられる祖父母がいなかった。にもかかわらず団地には、託児所や保育所が一つもなく、夫婦の共稼ぎはきわめて困難であった。六〇年九月の設立総会とともに、香里ヶ丘文化会議が市立保育所の設置に取り組んだのは、このためであった。

文化会議では、同月の第一回講演会に、岩波新書から『私は赤ちゃん』を出したばかりの松田道雄を講師として呼んだ。松田も京大出身で、京都市内で小児科医を開業していた。多田道太郎ははっきりと、「『私は赤ちゃん』の出た直後、わたしたちの有志は安保の衝撃もあって地域の市民団体をつくった。そしてその目標の一つに『保育所の建設』をえらんだのであった。これはいうまでもなく『私は赤ちゃん』の影響であった」(「戦後ベストセラー物語」、『朝日ジャーナル』六六年十月三十日号所収)と回想している。

### 男女同権という思想

文化会議のメンバーの多くは男性であったが、保育所の設置に取り組んだ背景には、男女同権的な考え方があった。多田はこう述べている。

全国のダンチですぐれた託児所をもっているところはゼロである。せいぜい子供のあずけあいでお茶をにごしている。しかもそれがダンチの美談になっているのだからかなわない。集団住宅地というからには、第一に必要なのは医者と保母と設備のととのった乳幼児託児所だ。それがないので、共働きは無残な苦労となっている。託児所がない。だから働きに出ない。だからヒマをもてあます。――といっては叱られそうだが、いくら家事労働が大変といっても、家事の合理化と機械化とで以前よりははるかに閑暇のできていることはまちがいない。――だからミシリ〔見知り〕のつきあいがひろがる。だから〝夢のレース〟に加わらざるをえない。だから…

つきあいだの何だのということは別としても、男女同権は、男女共働き、共遊びということが実現しないかぎり、どこか偽善的なものをもつとわたしは思う。オヤジが働き蜂で女房が遊び蜂――とまでゆかなくても、消費蜂では、同権の基礎はやわいものである。(前掲「つきあいの荒地、団地生活」)

夫はサラリーマン、妻は専業主婦という役割分担にもとづく核家族が圧倒的であった当時の団地にあって、多田の考え方はユニークなものであった。文化会議は、枚方市議会に保育所の設置を二回にわたって請願したほか、団地全戸に対して三回にわたるアンケート調査を行った。この結果、六〇年十二月の枚方市議会で請願が採択された。

共同保育が始まったのは、保育所が開所していなかった六一年五月からであった。このときは自治会と婦人会が反対したため、団地内の集会所を借りることはできなかった。六二年七月、ようやく枚方市立香里団地保育所が開所し、九月には乳児教育も始まった。

保育所開設の運動を女性の側から推進した一人に、香里ヶ丘文化会議の数少ない女性メンバーの一人で、C地区に住んでいた浅田良子がいた。浅田は、文化会議の発足当初から、「働く主婦に一番切実な問題、託児所づくりにも、力をいれてほしい」(『香里めざまし新聞』六〇年九月四日)と述べていたが、文化会議だけに属していたわけではなく、婦人民主クラブ枚方支部長でもあり、六二年六月に開かれた枚方母親大会の実行委員でもあった。

シモーヌ・ド・ボーヴォワール［1908-86］（写真提供／共同通信社）

ジャン＝ポール・サルトル［1905-80］（写真提供／共同通信社）

婦人民主クラブは、一九四六年に結成された革新派の女性による社会運動団体であり、香里ヶ丘文化会議と同様、特定の政党と結び付いてはいなかった。浅田は「それはそれは、度々の署名や市への陳情、ついに市長さんに〝あなた方の熱心なのには感心したよ〟と言われるほどでした。地方自治体に働きかけることは、私たちの暮しをよくすることです」（『婦人民主新聞』六二年十月七日）と述べている。

**サルトルとボーヴォワールの団地訪問**

六六年十月、香里団地に世界的なフランス人哲学者が現れた。多田に案内され、ジャン＝ポール・サルトルとシモーヌ・ド・ボーヴォワールが団地を訪れたのである。ボーヴォワールは、「一般的に、日本人は劣悪な住居に住んでいる。大阪近郊の公団住宅に、ある教授のアパルトマンを訪ねたとき、私はその狭苦しさと醜悪さにびっくりした」と述べている（内藤寿子「サルトルとボーヴォワール、団地へ行く」、『未来』四八〇号、二〇〇六年所収）。

だが、二人が香里団地を訪れた最大の目的は、保育所を見学することであった。

一つ一つの部屋をていねいに見て歩き、〝何時から何時まで預かるのか〟〝何才からか〟〝六千世帯以上もあって、たった百人くらいで足りるのか〟などと熱心に質問するボーボワール女史の脳裡《のうり》には、今見てきた生ま生ましい団地の部屋に閉じこめられねばならない多くの女性の姿があったのかもしれない。（『香里めざまし新聞』六六年十月二十三日）

二人の目に、保育所はどう映ったか。「フランスから来たふたりの哲学者にとっては『不足』ばかりが目立つ施設にすぎず、香里団地と同じく香里団地保育所においても、『私たちは、日本が金持ちだとしても、日本人は貧乏なのだ、ということを確認した』（ボーヴォワール『決算のとき』）だけであった」（内藤寿子「サルトルとボーヴォワール、保育所へ行く」、『未来』四八二号、二〇〇六年所収）。

香里団地といえども、共稼ぎより専業主婦のほうが圧倒的に多かった点では、ほかの団地と変わらなかった。だからこそ、「六千世帯以上もあって、〔保育所は〕たった百人くらいで足り」ていたのだ。確かにそれは、フランス人の眼から見れば信じられないことであったろう。団地の実態は、多田のいう「男女同権」には程遠かった。

けれども、それは昼間の団地が、女性たちの王国になるということでもある。彼女たちは、決して「生ま生ましい団地の部屋に閉じこめられねばならない」わけではなかった。その証拠に、団地の自治会は、しだいに役員を女性が独占するようになる。

**青空マーケット**

香里団地を訪れた著名な外国人は、サルトルやボーヴォワールだけではなかった。六一年十月十七日、京大人文科学研究所助教授の加藤秀俊に案内され、「大阪近郊でもっとも見事な計画的なコミュニティの実例」とされる香里団地を訪れたアメリカ人社会学者のデイヴィッド・リースマンは、こう述べている。

この団地のショッピング・センターはアメリカの似かよった施設と一つの重要な点で違っていた。そこには大きな書店があって大衆的な雑誌や子供の本その他と並んで英語の本もあったし、英国、ドイツ、フランスなどの作家の翻訳や日本の高級な読み物などが並べられていたのである。

ショッピング・センターの外の空地には間に合わせのかこいがしてあって、そこでは近在の農家の野菜が「非合法的に」売られていた。わたしたちを招いてくれたアパートの住人たちの説明によると、これはスーパーマーケットの値段と競合するためにその値段を安くおさえる効果を持っていて、この地区の住人と近在の農家との共同の努力によるものだという。もちろんこうした非公式な市場は団地の整然とした外観を損うという批判が寄せられていた。（加藤秀俊、鶴見良行訳『日本日記』、みすず書房、一九六九年所収）

ここでいう「大きな書店」とは、大丸ピーコックも含まれる「香里団地ショッピング・センター」のなかにあった野村呼文堂であろう。リースマンは、サルトルやボーヴォワールとは異なり、この書店に並ぶ本を見て、団地の知的レベルの高さを実感したようだ。後のことだが、六七年十一月には、全国の団地で初めて、香里団地で小学館の『日本百科大事典』の家庭販売も行われている（『香里団地新聞』六七年十一月一日）。

デイヴィッド・リースマン［1909-2002］（写真提供／共同通信社）

リースマンがショッピング・センターの外で見たのは、青空マーケットであった。「この団地の人口と広さにくらべて余りにも商店の数が少なく、その配置もデタラメ」（『香里団地自治会報』六一年六月十日）であったため、香里ヶ丘文化会議のなかの生活問題研究会が、安くて新鮮な野菜を入手できる近郊の農業出荷組合と提携し、六一年五月十六日に開いたものであった（前掲『枚方市史』第五巻）。

「団地の整然とした外観を損うという批判」を寄せたのは、日本住宅公団であった。婦人会もまた、当初は静観を装っていたものの、鮮度や衛生面から反対に転じた。けれども団地住民には好評で、存続が図られた。文化会議は、スーパーの値段が下がったうえ、店舗の新設も行われるなど、一定の成果が確認されたとして、同年十二月四日に露店小屋を撤去した（同）。これもまた、保育所の設置と同様、抵抗権に根差した民主主義、居住地域を単位とする市民生活と直結した民主主義を築こうとする、文化会議らしい取り組みであったといえる。

**交通問題への取り組み**

香里団地は、大阪の郊外、正確にいえば大阪・天満橋《てんまばし》（六三年四月より淀屋橋）と京都・三条を結ぶ京阪電気鉄道の沿線にありながら、枚方市、枚方公園、香里園の各駅からも離れていて、バスが必須の交通手段であった。「交通の問題も団地住民にとって決定的に重要である。一社のバスに一本の電車のレールにわれわれの生活のすべてがかかっている。もしこれがとまればわれわれの生活はすべてストップせざるを得ない。ずいぶん不安な基盤の上にわれわれの生活はおかれている」（『香里団地自治会報』六一年六月十日）。

だが、団地ができたころの交通事情は劣悪であった。この点でも団地住民は、日本住宅公団に対する不満を隠そうとはしなかった。

挟間《はざま》〔茂〕総裁さま！　東洋一を誇る香里ニュータウンのラッシュの姿をご存じですか。わたしたちは朝の団地のすがすがしい生活を、玄関をでて、十分後に破られるのです。もちろん総裁の責任ではありません。ただ、あの入居の前に読んだパンフレット（ラッシュは覚悟せよ！とは書いていなかった）に「大阪まで20分、京都まで35分…」この、あまりにも美しいお知らせにごま化された腹立たしさがあるのです。一万五千人の香里団地がいかに交通地獄にせめられているか――。（『香里団地自治会新聞』六一年七月二十日）

交通問題に対しては、文化会議と自治会がともに取り組み、それぞれの新聞でもしばしば特集を組んだ。沿線人口の急増に伴い、京阪電気鉄道の混雑率は上がる一方で、最も混雑する野江―京橋間の混雑率は、六〇年に一九八％、六三年に二一九％、六六年に二四二％と増え続けた。六七年五月十六日、枚方市7時31分発の準急淀屋橋ゆきの混雑率は、二八九％に達したという記事もある（『香里団地新聞』六七年七月一日）。

京阪電気鉄道も、不十分ながら団地住民の要求にこたえようとした。六一年十二月から、枚方市始発天満橋ゆきの区間急行を新設し、枚方公園に昼間の急行を停車させたのは、まさにこのためであった。首都圏でも大阪圏でも、私鉄沿線に建設された団地では、どこでも香里団地と同様、団地住民が私鉄会社に改善を要求する動きが出てくるが、京阪は六七年に関西私鉄初のＡＴＳ（自動列車停止装置）を設置し、六両編成を七両編成にし、七〇年には関西で初めての冷房車を投入し、野江—天満橋間を複々線化するなど、輸送力の増強に努めた。
その結果、京阪は七一年になると、団地住民から「京阪電車も乗客増に対して、打つ手は打っており、昨年十一月二日には天満橋—野江間の高架複々線を開通、かなりの輸送力アップをするなど、全社をあげて真剣に取り組んでいる」(『香里団地新聞』七一年一月一日)と評価されるまでになった。後述するひばりヶ丘団地や滝山団地で、西武鉄道に対する反発が七〇年代になってもずっと続いたのとは対照的であった。

## 2—3　民主主義の変質

### 自治会の合同と分裂

前述のように、香里団地には当初、自治会とは別に各地区の婦人会があった。読売新聞社に勤めていた庄司駟三郎《きさぶろう》は、「現在の団地で、もっとも目覚ましい活動をしているのは婦人会であろう。(中略)それにしても、もっと婦人方を進出させる必要がある。もっとも理想的なのは各地区別の自治会で、現在の婦人会と自治会を一体《ママ》となったものが望ましいのである」(『香里団地自治会新聞』六一年十一月二十二日)とし、「このへんで、すっぱりと選挙をしましょうや。そして選ばれて出る新役員への一つの希望として、ゾロリとご婦人に顔をならべてもらうというのはどうだろう」(同)と提案した。

六一年四月、自治会は全団地を一本化して組織を拡大し、「日本一の自治会」となった。建築家の増永理彦が指摘するように、全国的にも注目された自治会の主催により、「夏祭り、蛍狩り、運動会、金魚すくい、ファッションショー、大阪フィルハーモニーを呼んだ7千人のコンサートなど、団地全世帯を巻き込んだ大きなイベントが多数開催された」のである（増永理彦《ますながただひこ》『団地再生』、クリエイツかもがわ、二〇〇八年）。六二年二月には、ジョン・F・ケネディ米大統領の弟で司法長官のロバート・ケネディ夫妻が団地を訪れ、婦人会代表と懇談し、団地の児童が通う開成小学校を訪れている（『香里団地自治会新聞』六二年二月二十二日）。

これに先立つ六二年一月、自治会は婦人会との合体を決めた。同年三月には、完全公選制による自治会の役員選挙が行われた。完全公選制による役員選挙はほかの団地に例がなく、香里団地でも空前絶後であった（同、六八年十一月一日）。

その結果、全役員一三六人のうち、女性は九割を占めた。「これからの自治会の役員はその大部分を婦人が占め、男性であったほうがよい部面だけに男性役員がおればよいとさえ考えている」（同、六二年一月二十五日）というねらい通りになったわけである。総じて関西の団地では、関東の団地に比べて自治会の役員に占める女性の割合が高く、千里ニュータウンでは七三年に古江台《ふるえだい》一丁目分譲住宅街自治会で会長以下全役員を女性が占めるという「事件」まで起こっている（『千里タイムズ』七三年七月二十日。なお千里ニュータウンでは、全体の約一五％にあたる六〇一四戸を一戸建分譲住宅が占めている）。

とはいえ、自治会長は依然として男性であった。役員による会長選挙の結果、武知正男が公選自治会の初代会長に選ばれたからである。しかし武知は、六三年の枚方市議選に無所属で立候補し、「枚方市はじまって以来という二千四十二票の大量得票で、初の団地市議に当選した」（同、六八年十一月一日）のに伴い、自治会長を辞職した。

六五年五月には団地全体の自治会が解散し、自治会は各地区ごとの組織になった。「自治会分裂の理由は、自治会に、選挙に利用されたくないという空気がでてきて、T〔武知〕氏の思うままにならなくなったからT氏が割ったのだという説」（「新市民層の意識」、『朝日ジャーナル』六六年十二月四日号）があったという。だが、たとえ自治会が割れようが、どの地区でも女性優位であることに変わりはなかった。

### 共産党の進出

六〇年十一月の衆議院議員総選挙では、枚方市全体よりも香里団地のほうが投票率が高かった。では、この総選挙で団地住民はどの政党に投票したのか。各党の得票率を見ると、男性は自民二四・六％、社会三八・三％、民社八・〇％、共産一・五％、女性は自民二四・七％、社会三五・九％、民社七・四％、共産〇・九％という結果が出た。民社というのは、同年一月に社会党から分かれて結成された民主社会党を指している。男女ともに、確かに保守票より革新票が多いが、日本共産党は極端に少なかったことがわかる（前掲「団地の人間関係学」）。

第一章で触れたように、日本共産党では五〇年以降、所感派と国際派の対立が深まり、所感派のもとで武装闘争路線がとられた結果、五二年の総選挙では議席がゼロになった。五五年に再び統一すると、武装闘争路線に代わって「ソフト路線」が進められ、選挙による議会進出が目指されるが、六〇年の総選挙でも三議席にとどまった。

ところが、六〇年代から七〇年代にかけて、共産党は都市部を中心に、着実に支持を増やしていった。小熊英二はこう述べている。

穏健路線に転じた共産党は、党勢拡大を第一目標に、地方活動家にノルマを課して党員獲得や機関紙『赤旗』の部数増大につとめた。その結果、六一年に党員約四万八千人だったものが、六六年には約二八万三千人、七〇年には三〇万人を突破した。『赤旗』の部数も、日刊・日曜版ふくめて、五八年の約四万六千が七〇年には三〇〇万を突破した。党員は一〇年で六倍、機関紙は一二年で七〇倍である。(『1968』上、新曜社、二〇〇九年)

枚方市でも、六〇年から七二年にかけての衆議院議員総選挙で、共産党は一貫して増え続けた。得票率でいえば、六〇年が二・六%、六三年が四・九%、六七年が六・八%、六九年が一五・〇%、七二年が二三・九%という具合である(『衆議院議員総選挙最高裁判所裁判官国民審査結果調』、大阪府選挙管理委員会、一九六一年、六四年、六七年、七〇年、七三年)。六〇年から七二年までの十二年間で、十倍近くも得票率を伸ばしているわけだ。

七二年の衆議院議員総選挙では、大阪3区で共産党から立候補した村上弘がトップ当選したが、枚方市でも全候補者のトップにあたる票を集めている。大阪3区でほかに村上がトップの票を集めた市は、千里ニュータウンのある吹田《すいた》市や茨木市、寝屋川市、摂津市、大東《だいとう》市であった。一方、枚方市と同じ京阪沿線の守口市や門真《かどま》市では、創価学会を支持母体とする公明党の得票率が最も高かった（『千里タイムズ』七二年十二月十五日）。これはおそらく、創価学会の信者が多かった中小零細企業の労働者の居住地域であったことと関係がある。

枚方市で共産党の支持が高くなる傾向は、府議選や市議選などの統一地方選挙で、より顕著になった。注目すべきは、地方選挙の場合、男性よりも女性のほうが投票率が高かったことである。六三年は男性五二・三五％、女性六六・七六％。六七年は男性五一％、女性六九・一二％であった。「平日であった、天候が悪かったとはいえ、団地の男性が地方選挙にきわめて関心の低いことをはっきり示したものといえよう」（『香里団地新聞』六七年五月一日）。

六七年四月の統一地方選挙では、市議選で共産党の諸田達男が立候補した。ついに文化会議の主要メンバーの一人が、旗幟《きし》を鮮明にしたのである。「文化会議は政治に関与しないたてまえだから、事前に文化会議を脱退することになるが、反対派が、『だから文化会議はアカだ』と宣伝することはみえすいている。それぞれの思想をもった文化会議の知識人たちにしてみれば、共産党の折伏《しやくぶく》活動などは意味のないことだろうが、それでも、文化会議の設立者の多田道太郎氏（京大助教授）

は『こちらは、人民戦線的な考え方だったが、共産党はこの組織でトクをしたといえる』と、ぶ然たる面持ちである」（前掲「新市民層の意識」）。

この選挙で、諸田はトップ当選した。また市長選では日本社会党公認、日本共産党推薦の山村富造が、保守系の候補を破って初当選した。七一年四月の統一地方選挙では、大阪府知事選で社会党と共産党の統一候補として出馬した大阪市立大学教授の黒田了一が初当選し、革新府政が誕生したが、枚方市議選でも革新がさらに進出し、自民党が全滅した。七五年四月の統一地方選挙でも、革新王国・枚方はゆるがなかった。

**共産党の団地政策**

なぜ団地住民が多くを占める枚方市で、共産党の得票率が増えていったのか。その理由は、共産党が六〇年代後半から積極的に団地政策に取り組み、当面公営住宅を主とする安い家賃の住宅を年一〇〇万戸以上建設すること、団地には私鉄バスではなく、公営バスを走らせること、自治会が集会所を民主的に運営すること、公営・公団住宅の家賃値上げに反対することなど、具体的な対策を打ち出したことがあげられよう（「日本共産党の団地政策」、『前衛』七二年九月臨時増刊号所収）。

共産党中央委員会幹部の米原昶《よねはらいたる》は、「住みよい団地をつくるために」と題された座談会で、こう述べている。

重大なことは、いままでの日本は家屋に個別的に住んでいたでしょう。これを基礎にして一種の封建的な風習がぬけなかったのです。そして町には町内会があり、自治会ではなく自民党の拠点になっていました。

ところが、団地は新しいスタイルで、一つの建物のなかに何人も住むという形になり、大体が勤労者です。だから、とくに封建的な風習を破っていく条件があります。勤労者を居住地で組織していくのに、こんないい条件はありません。意識的にとりくめば非常に大きな力に、なっていくのではないかと思います。

日本の住宅習慣そのものが長い封建的な家父長制の風習を残し、反動勢力が地域に根をはり、居住のなかまで支配していたのが、団地から破られていくのではないでしょうか。これらの団地の経験はいままでの居住地にも持ちこまれてきています。そういう意味でこんごの共産党がのびていくためにも団地は非常に重要なところではないかと思います。（『赤旗』六八年四月九日）

こう述べた米原昶の脳裏には、一九五九年から六四年にかけて各国共産党の理論情報誌『平和と社会主義の諸問題』の編集委員として過ごしたチェコスロバキア（現・チェコ）の首都、プラハの風景が広がっていたのかもしれない。いうまでもなく当時のチェコスロバキアは、旧東ドイツやポーランドと同じく、ソ連の衛星国であった。娘の米原万里によれば、プラハ滞在当時、米原の家は十月革命広場に面したアパートにあり、間取りは3DKだったという（『嘘つきアーニャの真っ赤な真実』、角川書店、二〇〇一年）。

ただし米原は、日本共産党規約にいうところの「労働者」ではなく、「勤労者」という言葉を使っている。この言葉は、日本住宅公団法の第一条「日本住宅公団は、住宅の不足の著しい地域において、住宅に困窮する勤労者のために耐火性能を有する構造の集合住宅及び宅地の大規模な供給を行うとともに、健全な新市街地を造成するための土地区画整理事業を施行することにより、国民生活の安定と社会福祉の増進に寄与することを目的とする」（傍点引用者）に出てくる。前述のように公団の団地に住んでいたのは、労働者階級よりはむしろ新中間階級であった。

新興の団地は、もともと地元とは関係のない新住民によって構成されているため、自民党の地盤になっていなかった。共産党はこの点に注目し、団地で積極的に『アカハタ』（六六年二月より『赤旗』に改題）の購読者を増やすなど、支持を広げていった。「青空マーケット」を開くことで、近隣の農村と団地との連帯を目指した文化会議の活動が長続きせず、団地が周辺から孤立したままだったことが、共産党にとってはかえって都合がよかったのである。

### 新日本婦人の会の活動

しかしこれだけでは、なぜ統一地方選挙で男性よりも女性のほうが投票率が高くなったのかを説明できない。それを解く鍵は、六一年七月に開かれた日本共産党第八回大会にある。この大会で、議長の野坂参三はこう述べている。

婦人運動の活動家たちとともに反帝反独占の民族民主統一戦線の一翼をになう婦人戦線の統一をつよめるための組織的問題を提起すべきときが熟しつつある。その方向は、すべての民主的婦人団体や婦人が全国的に統一してゆくための、単一の大衆的な全国的婦人組織の確立である。

(「日本共産党第八回大会中央委員会の政治報告」、『前衛』六一年九月臨時増刊号所収)

六二年十月十九日、「単一の大衆的な全国的婦人組織」に相当するものとして、新日本婦人の会が結成された。新日本婦人の会は、四六年に設立された婦人民主クラブとは異なり、完全な共産党シンパの団体であり、女性の共産党支持者を増やす母体となった。男性中心の組織であった従来の党とは別に、くらしや地域に根差した女性中心の組織ができることで、共産党のイメージはさらにソフトなものになっていった。

これに伴い、各団地に本部や支部、さらにその下部組織にあたる班ができた。会のもとになる組織こそ、班であった。枚方支部に属した香里団地にも、香里班ができている。「新婦人香里班の人たちが中心になって始めた香里団地の読書会は、この二月で満三年を迎えます」(『香里めざまし新聞』六六年一月二十日)という記事から推察するに、香里班ができたのは、新日本婦人の会が結成された直後と見られる。

香里班が取り組んだなかで特筆すべきは、市立幼稚園づくりであった。当時、班長であった加藤恵子は、こう回想している。

当時、枚方市の人口一三万人に対して市立幼稚園が一園しかなく、香里団地内の私立幼稚園では入園手続きに夜明けから行列、入園テストで選別を受け、あげくに幼稚園浪人が出るとか、経済的にも負担は重い等々、親子とも深刻な入園地獄にあえいでいました。

こうした状況をなんとかしたいと新婦人香里班は「市民幼稚園づくり」を呼びかけました。一九六六（昭和四十一）年一月二五日、よびかけのチラシを持った九四名の子どもづれのお母さん達が中央集会所につめました。「市立幼稚園新設をすすめる会」が発足（その後会員四〇〇人に）、黒田まさ子さんが会長に、私は事務局長を引き受けることになりました。チラシの全戸配布、会議や陳情の通知、緊急の陳情や傍聴に対応することもしばしば。電話の普及がなかった当時は、子どもを寝かしつけたあと各地区の世話人さんに配って歩きます。受け取った世話人さんは会員さんにとどけるという連絡体制です。（「諸田さんから学んで飛躍した私」、前掲『葉は落ちてもやがて緑はぐくむ』所収）

運動は実を結び、六六年十二月には枚方市議会で、市立幼稚園二カ所の新設予算が可決された。このような新婦人香里班の活動は、全役員の九割を女性が占めるようになる自治会にも影響を与えたように思われる。

香里団地で女性が投票所に足を運び、共産党の候補者に一票を投じた背景には、新日本婦人の会の積極的な活動があった。七一年の市議選では、団地在住の共産党候補、山本まゆみが当選したが、「なんといっても共産党と新婦人（新日本婦人の会）の組織票が強力」（『香里団地新聞』七一年五月一日）だったという。

### 共産党に押される文化会議

市民幼稚園の設置に見られるように、六〇年代後半になると、新日本婦人の会がかつての香里ヶ丘文化会議の活動を完全に肩代わりするようになっていた。

前述のように、多田、樋口、大淵らは、諸田のような共産党員がメンバーとなること自体は拒絶しなかったが、いかなる政党や組織とも手を結ばないことをうたっていたため、共産党や新日本婦人の会とは一線を画していた。いやむしろ、共産党や新日本婦人の会の影響が強くなることで、文化会議本来の活動が妨げられることを警戒していた。

多田は、共産党の影響が強かった大阪労働組合映画協議会（労映）について、「文化運動独自の働き、自立性をみとめず、経済闘争政治闘争に従属させている。（中略）こういう状況では大衆文化運動はどうにも進まない。文化運動の、その文化ということについて、考えなおす必要がある」（『複製芸術論』、勁草書房、一九六二年）と批判している。

しかし、全戸賃貸の団地はただでさえ流動性が高く、恒常的な活動を続けるには不利な条件にあった。樋口謹一は、「団地の住民は流動性(たとえ顕在化せぬにせよ)を宿命付られている。根無し草なのだ」(「根無し草と運動体」、『思想の科学会報』五七号、六八年所収)と述べている。このような地域で、規約もなしに活動する個人主体の「運動体」(同)は、しだいに確固とした「組織体」の力に勝てなくなるのである。

**終息する活動**

自民党の池田勇人、佐藤栄作内閣のもとで、六〇年代の日本は高度経済成長の時代を迎えた。六〇年安保闘争の記憶はしだいに薄らぎ、人々の関心は生活の向上や安定に向かった。それとともに、各戸を仕切るコンクリートの壁は高くなり、「コンクリートのなかのマイホームの幸福」(前掲「香里ヶ丘文化会議」)に安住する団地住民も増えたように見える。

だが、団地住民が決して自民党の政策に満足していたわけではなかったことは、この間に共産党得票率が急激に伸びたことを見ても明らかである。六〇年代後半になると、香里団地に限らず、団地で革新系が強いのはもはや周知の事実となっていた。

もっとも、樋口謹一にいわせれば、「これ〔団地で革新系が強いこと〕を塩田〔丸男〕氏は、『〝ものぐさ族〟の革新好み』とよんでいるが、いかがなものか。さきの地域活動への消極性〔ある調査で、自治会の会長など地域社会の役員にはなりたくないと答えた団地住民が七割を超えたこと——引用者

注）とにらみあわせるとき、現状に不満ではあっても、現状打破的とはけっして言えないからだ。現状の変更もあなたまかせなのだ」（前掲「根無し草と運動体」）ということになる。代議制のうえにあぐらをかいた、「あなたまかせ」の民主主義は、樋口が理想とする、「すべての票〔声〕が数えられることは必要である。形式の上での除外はすべて、一般性を破壊する」と述べたルソー的な直接民主主義とは相いれないのだ。

地域的な制約もあった。文化会議は、活動の拠点があくまで香里団地に限られていた。したがって、同じく個人の自発性を尊重し、「組織体」でなく「運動体」たらんとした「べ平連」のような全国的な組織にはなり得なかったばかりか、東京都内のあちこちで生まれた「声なき声の会」ほどの地域的広がりすらもなかった。団地には大学生がほとんど住んでいなかったから、新左翼の活動や六八年から始まる大学闘争とも無縁であった。

大阪では、東京よりも早く、「団地の時代」から「ニュータウンの時代」への移り変わりがあった。六二年から七一年にかけて、公団や大阪府、大阪府住宅供給公社などが開発を始めた千里ニュータウンには、天皇、皇后や皇太子夫妻、高松宮夫妻、常陸宮夫妻が次々と視察に訪れた。年々古くなる香里団地から、「規模の大きさは香里の五倍、自動車で廻っても一時間半はかかる」（『香里めざまし新聞』六四年三月十五日）千里ニュータウンに転居する住民も相次いだ。香里団地が「東洋一」と呼ばれた時期は、長続きしなかった。

団地住民が入れ替わっても、多田や樋口、大淵に代わる新世代の論客はついに現れず、文化会議の会員数も頭打ちの状態が続いた。「声なき声の会」の鶴見俊輔が、より若い世代の小田実《まこと》に声をかけて「べ平連」が結成されたのとは対照的であった。

文化会議では六六年以降、会費の徴収がストップしたものの、新聞は引き続き発行された。六六年六月には、「べ平連」の招きにより、ボストン大学教授で、平和運動家のハワード・ジンが香里団地を訪れ、鶴見俊輔の通訳で団地在住の主婦三〇人あまりと歓談している(『香里めざまし新聞』六六年六月三十日)。しかし「べ平連」とは異なり、文化会議ではベトナム戦争に対する関心が高くなかった。六〇年代後半になると、文化会議の中心にいた多田や大淵自身が団地を去ってゆき、七一年八月にはついに新聞も休刊した。

七二年十月、大淵和夫はこう述べている。「六〇年安保よりすでに十数年、文化会議は《解散していない》から、なお「存続」はしている。だがかつての活動力はもはや完全に失われた。一時は、新しい活動方向を模索する状況もあったが、その力も及ばず、今や活動は完全に停止している」(前掲「香里ヶ丘文化会議」)。

# 第三章●東京多摩——多摩平団地とひばりヶ丘団地

## 3—1　六〇年安保闘争と中央・西武沿線

### 突出して多い両沿線の居住地組織

前章では、六〇年安保闘争を機に、大阪府枚方市の香里団地で結成された香里ヶ丘文化会議を取り上げた。当時、このような特定の地域に根差した本格的な市民運動は、京阪沿線ではもちろん、関西全体でもきわめて珍しかった。その背景には、東洋一と呼ばれたこの団地ができたのが五八年と、安保闘争の二年前であり、安保闘争がコンクリートの壁に囲まれた住民どうしの対話を促進するきっかけとなったことが大きかった。香里ヶ丘文化会議は、安保闘争が下火になってからも、前述したような活動を続けた。

六〇年安保闘争を機に生まれた最大の市民団体は、鶴見俊輔、高畠《たかばたけ》通敏《みちとし》、小林トミらによって結成された「声なき声の会」であった。この団体自体は、いかなる地域にも根差していなかったが、居住地組織をつくることを提唱しており、後述する「多摩平声なき声の会」のように、地域と会の名称を合わせた組織までつくられた。東京では、香里ヶ丘文化会議のような居住地組織が、一カ所でなく、同時多発的にできている。

なかでも、国鉄中央線と西武池袋線、西武新宿線の沿線が突出して多かった。

中央線沿線では、「杉並の会」「安保批判むさしのの会」「みたかの会」「平和と民主主義をまもる小金井市民の会」「くにたち平和と民主主義と生活を守る会」「多摩平声なき声の会」などの組織が、六〇年安保闘争を機に次々とできている（「東京における地域活動のすすめ」、『都政』六一年三月号所収、竹内好「日記」下、『竹内好全集』第十六巻、筑摩書房、一九八一年所収、『声なき声のたより』第二号、六〇年八月一日）。このうち、香里ヶ丘文化会議のように、団地に根差した組織は、多摩平団地にできた多摩平声なき声の会だけである。

一方、西武池袋線と西武新宿線の沿線では、「むさし野線市民の会」「中練馬市民のつどい」「民主主義を守る石神井《しやくじい》の会（みつがしわの会）」「東練馬市民のつどい」「東伏見団地安保反対の会」「田無民主婦人会」「ひばりヶ丘市民会議」「ひばりヶ丘民主主義を守る会」などの組織が、やはり六〇年安保闘争を機に次々とできている（同および『田無市史』第二巻、近代・現代史料編、田無市、一九九二年）。

このうち、むさし野線市民の会は、西武池袋線の石神井公園駅に近い練馬区南田中町（現・南田中）に住んでいた哲学者の久野収《くのおさむ》が、同線沿線の住民を主体とする市民運動を目指したものであった。団地に根差した組織は、東伏見団地にできた東伏見団地安保反対の会（後に「東伏見団地〈十

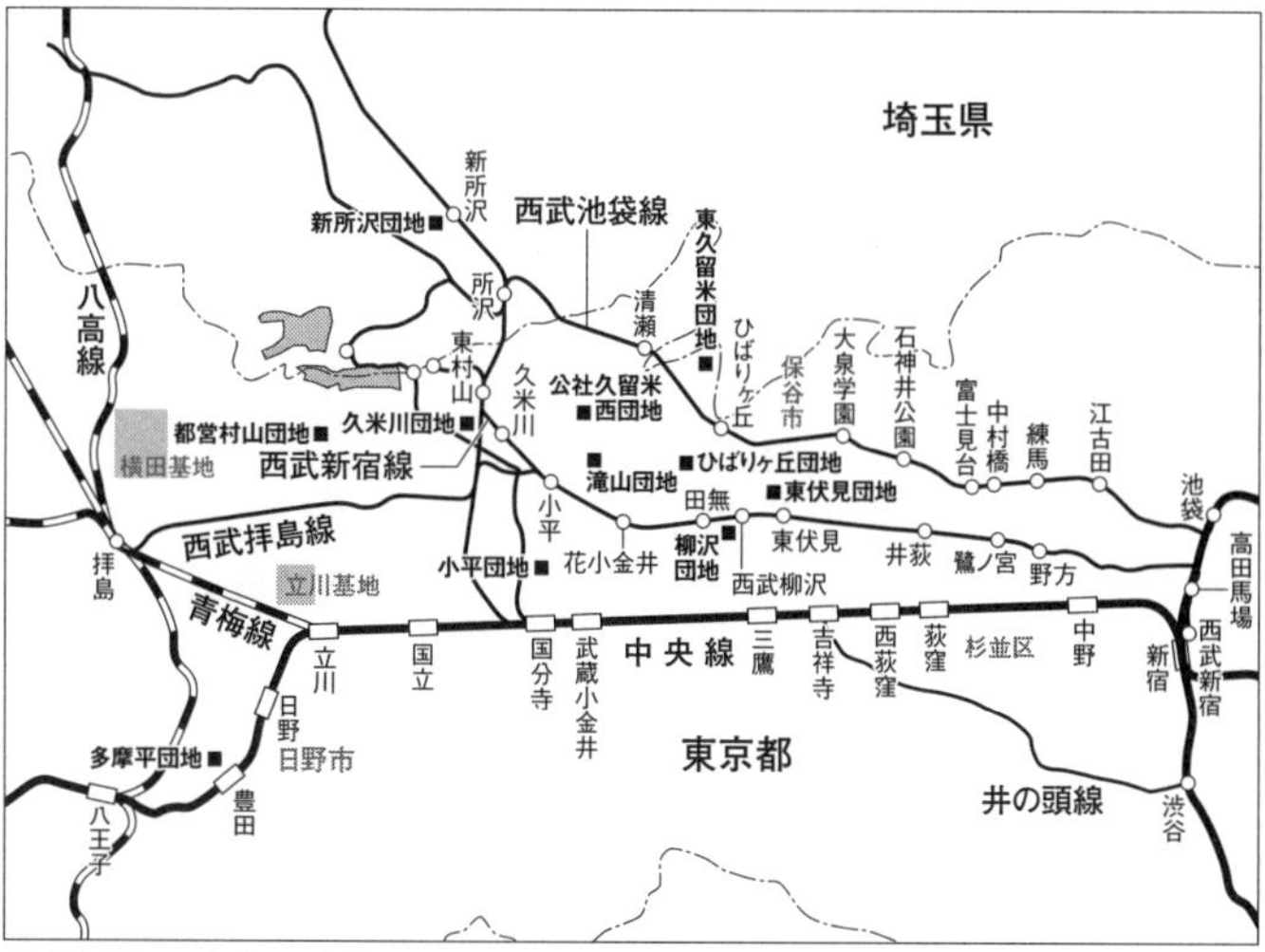

中央線と西武線の路線図

九日会〉」と改称）と、ひばりヶ丘団地にできたひばりヶ丘市民会議、ひばりヶ丘民主主義を守る会の三つである。中央線沿線に比べて団地でできた居住地組織が多かったのは、それだけ西武沿線に占める団地のウエイトの高さを物語っている。

## 中央線沿線の政治風土1――焼け跡と新居杉並区政

中央線と西武池袋・新宿線は、新宿や池袋と東京西郊を結ぶ線という点で共通している。しかしながら、沿線の宅地開発は中央線のほうがずっと早く、一九二三（大正十二）年に起こった関東大震災の直後から始まっている。箱根土地株式会社の堤康次郎が開発しようとした大泉学園都市、小平学園都市、国立学園都市のうち、後に西武の沿線となる大泉学園都市と小平学園都市が大学の誘致に失敗したのに対して、中央線の沿線に生まれた国立学園都市が東京商科大学（現・一橋大学）

の誘致に成功し、宇垣一成《うがきかずしげ》のような有力政治家がいち早く居を構えたことは、中央線と西武線のその後の運命を暗示していた。

早くから宅地化が進み、陸軍立川飛行場（立川市）、多摩陸軍技術研究所（北多摩郡小金井町〔現・小金井市〕）、中島飛行機東京工場（杉並区）、同武蔵製作所（武蔵野市）、同三鷹研究所（三鷹市）など、軍事施設や軍需工場が多かった中央線沿線は、米軍機の飛行ルートにあたっていたため、空襲の被害も多かった。

B29による空襲が始まった四四年十一月二十四日、武蔵小金井にいた手塚公夫は、「雲一つない晴天、中央線に沿って、一万メートルの高空を白く飛行機雲を引きながら、次から次へと編隊がやって来る」のを見た（中野区企画部企画課編『平和の祈りを次代へ』、中野区、一九九三年）。同年十二月三日には、荻窪駅付近の線路が破壊され、十二月二十七日には荻窪駅構内が、四五年一月二十七日には武蔵小金井—国分寺間が攻撃された。七月八日には国立—立川間で、七月二十八日には武蔵境—武蔵小金井間と八王子—浅川（現・高尾）間で、八月三日には中野—高円寺間と三鷹駅構内で、それぞれ電車が攻撃を受けている（野田正穂ほか編『多摩の鉄道百年』、日本経済評論社、一九九三年）。

多摩地区で最も早い一九一七年に市制を施行した八王子では、四五年八月一日から二日にかけて空襲があり、市街地の八二%にあたる一万三五三八戸が焼失し、三六七人が死亡した（小倉英敬『八王子デモクラシーの精神史』、日本経済評論社、二〇〇二年）。南多摩郡横山村（現・八王子市長房町）にあった東京陸軍幼年学校も、このときに焼失している。

中央線も不通になったものの、八月五日には運転が再開された。ところがこの日、新宿発長野ゆき四一九列車が、浅川―与瀬（現・相模湖）間にある湯ノ花トンネル付近で米軍機の銃撃を受け、死者五二名、負傷者一三三名を出した。八王子―浅川間を走行中の電車を運転していた竹内景助（後の三鷹事件で犯人とされ、死刑判決を受ける）は、空襲を察知するや、スピードを出して浅川に電車をすべり込ませ、乗客を退避させている（高見澤昭治『無実の死刑囚　三鷹事件竹内景助』、日本評論社、二〇〇九年）。

作家の高見順は、四五（昭和二十）年十月二十日の日記に、「中央線は新宿駅から先へ行くのは今年初めてだ。焼けている。焼野原の連続だ。家のあった頃は隠されていた土地の起伏が、電車の窓から、はっきりと見渡され、ここらがまだ住宅地化されていなかった頃の姿に再び戻っている」（『敗戦日記』、中公文庫、二〇〇五年）と記している。元司法大臣の風見章《かざみあきら》も、四七年二月に中央線の上り電車に乗ったさい、「中野駅近くになつて窓外を見渡すと、はてしもなき焼野原で、ところ〴〵に小つぽけなバラツク式住宅がぽつり〳〵と眼に映る。ありし日のぎつしりと建てつめた住宅街の風景は、どこにもその俤《おもかげ》をのこしてゐない」（『風見章日記・関係資料１９３６―１９４７』、みすず書房、二〇〇八年）と手記に書いている。

戦後、中央線沿線には、革新的な動きが次々と表出する。例えば、八王子在住で社会運動家の橋本義夫は、共産主義者がまだ収監されていた敗戦後三日目の時点で、天皇制の廃止と生産手段の公有化を個人として主張した（前掲『八王子デモクラシーの精神史』）。

橋本の思想は孤立したままだったが、四七年四月には、東京都の特別区で初めての区長選が行われた。このうち杉並区では、アナーキストの新居格《にいいたる》が四万三千八百八十七票を獲得し、次点の自由党候補に一万五千票以上の差をつけて区長に当選した。

新居が当選した背景には、関東大震災の直後から、新居が中央線沿線の文士や知識人を集める活動を行ってきたことがあげられよう。二六年には、やはりアナーキズムとコミュニズムに親しむ橋浦泰雄とともに、西郊共働社という消費組合を設立した。西郊共働社は三二年、城西消費組合と改称し、最盛期には二〇〇〇人の組合員を擁した。橋浦によれば、中央線沿線のインテリはほとんど入っていたという。城西消費組合は四一年に解散したものの、新居を会長とする戦後の東京都西部生活協同組合連合会に受け継がれてゆく。生協活動の広がりは、戦後新たに選挙権を得た女性の支持を獲得することになる（前掲『原水禁署名運動の誕生』）。

新居のいうところのアナーキズムとは、地域を基盤とする徹底した自治の思想であり、個性の自由を強調する「超個人的個人主義」であった（篠原一、宮崎隆次「戦後改革と政治カルチャー」、東京大学社会科学研究所編『戦後改革1　課題と視角』、東京大学出版会、一九七四年所収）。新居は、焼け跡と化した杉並区を「自然状態」への回帰と見なし、旧態依然とした区政を相手に、全く新たな政治の実験を行おうとした。

作家の臼井吉見は長編小説『安曇野』第五部（筑摩書房、一九七四年）で、新居に「高円寺、阿佐ヶ谷、荻窪各駅附近は、とりわけ美しくなければならない。駅頭には、目をなぐさめる花壇があって、色とりどりの花を咲かせ、若香はあたりに漂い、親しい雰囲気をかもし出す。駅前の広場を区民の討論場たらしめ、区民はしばしば集って、機智と理性との楽しい討論を交すようでありたい」と語らせている。

新居区政は結局、区議ばかりか一般の区民の理解すら十分に得られぬまま、一年もたたずに挫折した。とはいえ、こうした人物を当選させた中央線沿線の政治風土には、やはり注目しないわけにはゆかない。丸山眞男の有名な言葉を使うなら、そこには社会の諸制度を所与の「自然」として考えるのではなく、人間によって構築された「作為」の産物として考える政治観があったからである。

## 中央線沿線の政治風土2――国立・中野・杉並

戦後、立川飛行場は米軍に接収されたが、一九五〇年に勃発した朝鮮戦争に伴い、米軍基地のあった立川の風紀が乱れると、隣町の国立では浄化運動が起こった。米軍相手の「温泉マークホテル」追放運動が、女性や青年層を中心に展開されたのである。「国立町浄化運動期成同志会」「私たちの住んでいる処を文教地区にする会」「くにたち婦人の会」「どよう会」などが次々に組織され、国立町政に対する闘争が繰り広げられた結果、五二年には東京都で初めて都市計画にもとづく文教地区に指定された。

これ以降も国立町では、五五年に開館した国立町（六七年より国立市）公民館や一橋大学を拠点として、さまざまな市民運動や学生運動が繰り広げられてゆく。その背景には、国立町が日本では珍しい都市計画によってつくられた学園都市であり、焼け跡と化した杉並区同様、「作為」としての政治観が成り立ちやすい環境に恵まれていたことが指摘できよう。

注目すべきは、「国立町の運動は終始一貫して、共産党から保守派支持者までを含んだ統一行動を母体としている」（赤松宏一「国立町における町政刷新運動」、『都政』六一年三月号所収）ことであった。特定の党派による運動ではなかったということである。

日本が独立を回復した五二年四月には、中野懇談会と呼ばれる組織が中野区内にできている。中野懇談会は、国立の運動と同様、党派にこだわらず、幅広い平和運動を目指した。中野区は中央線と西武新宿線にまたがっていて、中野懇談会も双方の沿線に住む文化人が集まっていたという意味では、確かに中央線沿線だけの運動ではなかった。だが、西武新宿線の野方に住み、中野懇談会を支えた共産党員の上田耕一郎ですら、党派にこだわらない「幅広主義」を掲げたところに、中央線文化からの影響を見ることができる。上田は後に「幅広主義」を自己批判し、共産党の旗幟を鮮明にしてゆくことになる。

五三年十一月には、荻窪《おぎくぼ》駅の近くに杉並区立公民館が建てられた。公民館長となったのは、国際法学者の安井郁《かおる》であった。安井は、主婦たちの読書会である「杉の子会」を立ちあげ、杉並婦人団体協議会（婦団協）の結成に尽力した。五四年三月、ビキニ環礁での水爆実験で第五福竜丸が被爆すると、翌月には杉の子会、婦団協、ＰＴＡ関係者などの代表三九人が、杉並区立公民館で安井を議長とする「水爆禁止署名運動杉並協議会」を結成している。同協議会は、「全日本国民の署名運動で水爆禁止を全世界に訴えましょう」の杉並アピールを発表している（前掲『原水禁署名運動の誕生』）。

署名は、人口四〇万人弱だった杉並区で、二カ月足らずの間に二七万人あまりに達した（東日本大震災に伴う原発事故が起こった直後の二〇一一年四月にも、脱原発市民デモが杉並区の高円寺で始まり、「原水爆禁止署名運動発祥の地、杉並区からわたしたちは新たに声をあげます」として、市民団体「脱原発杉並」が結成されている）。この原水禁運動は中野区にも広がり、同年七月には中野懇談会が主体となり、原水爆禁止運動中野協議会が結成されている。

このように、六〇年安保闘争よりも前に中央線沿線で起こった主な政治的動きを見ると、沿線住民が一つにまとまるというよりはむしろ、個別の問題で無名の市民が運動を起こし、時に地元の自治体や政府と闘う姿勢も辞さないこと、すべて無党派ないし超党派による運動であったことに気づく。多摩平団地で結成された多摩平声なき声の会も、こうした中央線独特の運動と決して無縁ではなかったのである。

## 西武沿線の政治風土1――清瀬村と共産党

西武池袋線の前身は、一九一二年に設立された武蔵野鉄道、西武新宿線の前身は、一八九二年に設立された川越鉄道（二〇年、武蔵水電に合併。二二年、旧西武鉄道となる）の東村山―川越（現・本川越）間と、一九二一年に設立された旧西武鉄道の高田馬場―東村山間である。四五年、武蔵野鉄道の社長だった堤康次郎は、旧西武鉄道を吸収合併して西武農業鉄道に改称し、四六年には西武鉄道に再び改称した。西武池袋線、西武新宿線の名称は、西武新宿駅が開業する五二年から使われるが、ここではそれ以前の時期も含めて用いることにしたい。

西武池袋線や西武新宿線の沿線は、前述のように学園都市づくりに失敗したため、国立のような大学町がなかった。戦前まではせいぜい、池袋線の田無町（現・ひばりヶ丘）駅近くの久留米村大字南沢（現・東久留米市学園町）に私立学校の自由学園がある程度であった。ここには、自由学園の創立者である羽仁吉一《はによしかず》、もと子夫妻のほか、娘の説子と婿養子の五郎も住むようになる。

新宿線の鷺ノ宮《さぎのみや》駅に近い中野区鷺ノ宮（現・白鷺および鷺宮）には、四六年に羽仁説子とともに婦人民主クラブの創設に加わった櫛田ふき、佐多稲子、壺井栄が住んでいた。羽仁、櫛田、壺井は、新宿線の上井草《かみいぐさ》に近い練馬区下石神井に住んでいたいわさきちひろや、池袋線の石神井公園に近い練馬区谷原町（現・谷原）に住んでいた丸木俊らとともに、六二年には新日本婦人の会の創設にも加わっている。しかし、中央線沿線に比べると、西武沿線の人口は少なく、開発は遅れており、農村地帯が広がっていた。

壺井栄が鷺ノ宮の大根畑に「月賦住宅」を建てたのは、四二年九月であった。当時の模様を、壺井は「ガスも水道もない。一足出ると西も東も田圃である。気がついてみればここは東京も埼玉県に近い場所であり、所沢や川越行きの電車が走っているのだ」と回想している（「鷺宮二十年」、『壺井栄全集』11、文泉堂出版、一九九八年所収）。

陸軍所沢飛行場や中島航空金属田無製造所のような軍事施設や軍需工場の一帯、それに武蔵野市の中島飛行機武蔵製作所に隣接する保谷町や田無町の南部などを除いて、西武沿線は空襲の被害が比較的少なかった。佐多稲子が四五年四月に淀橋区（現・新宿区）戸塚町から鷺ノ宮に移り住んだのも、空襲を避けるためであった（同）。

農村地帯が広がる西武沿線のなかで、池袋線の清瀬から新宿線の東村山にかけての一帯には、明治末期から結核やハンセン病の療養所がいくつも建てられた。清瀬村内に集まる結核療養所では、貧困患者が集団生活を送っており、敗戦直後から各病棟に共産党の細胞ができた。

これらは、東京で最も強力な居住細胞へと発展した。日本医療団清瀬病院（現・国立病院機構東京病院）の院長、島村喜久治は、「清瀬病院は、府立以来の施療病院型で、貧困患者が九割を占めると来ている。貧困と結核が同居すると、よほど上手な政治が行われない限り、思想は尖鋭化する」と述べている（『院長日記』、筑摩書房、一九五三年）。

党内における所感派・国際派の分裂とレッドパージにより、共産党のイメージが決定的に悪化し、衆議院議員選挙で共産党の議席数がゼロとなった五〇年代になっても、清瀬村（五四年より清瀬町）だけは常に同党の得票率が突出して高かった。「清瀬町といえば革新系の強い町との声は、戦後間もないころから他市町村の人びとに印象づけられた」のである（『清瀬市史』、清瀬市、一九七三年）。

## 西武沿線の政治風土２——独占資本に搾取される沿線住民

杉並区には、中央線のほかに、西武新宿線と京王井の頭線が走っている。このうち、井の頭線の沿線では、一九五〇年ごろに「濁話会」「土曜会」「あざみ会」という三つの会が生まれるなど、中央線沿線と似たような政治風土が出てきた（前掲『原水禁署名運動の誕生』）。しかし西武新宿線の沿線には、同時代的にそうした会が生まれることはなかった。

西武沿線で初めて一般市民を巻き込む広範な運動が起こったのは、前述の中野懇談会を別にすれば、六〇年安保闘争であった。このとき、一方で練馬区在住の知識人が、他方でひばりヶ丘団地や東伏見団地の住民が、ほぼ同時に運動を起こしている。

中央線沿線では、多摩平団地だけが駅付近に建設された大団地であった。それ以外の団地は、六二年から入居が始まった八王子市の都営長房団地（三六七五戸、全戸賃貸、現・都営長房アパート）を除き、多摩平団地よりも総戸数が少なかったうえ、駅から離れていたり、バスでしか行けないところにあったりした。六八年十二月に発生した三億円事件で、犯人が逃走に用いたカローラが発見された小金井本町団地もその一つで、東京都住宅供給公社が六〇年から六一年にかけて建設した総戸数八三〇戸（全戸賃貸）の団地であった。最寄り駅は武蔵小金井で、バスで十分ほどかかった。

一方、西武沿線においては、敗戦後に都心に近い区部で宅地化が進むのに対して、東京都北多摩郡や埼玉県はもちろん、練馬区や杉並区や中野区でも依然として農村地帯が広がっていた。ところが五〇年代後半になると、鷺ノ宮駅付近に都営団地ができたほか、東伏見、西武柳沢、久米川、新所沢のような、北多摩郡や埼玉県にあたる新宿線の駅前や駅付近に次々と公団や都営の団地ができていった。五九年には、池袋線の田無町駅付近に、ひばりヶ丘団地ができている。

郊外に広がっていた農村地帯は一気に開発され、駅前の風景は一変し、目新しいコンクリートの建物が林立して乗降客は激増するようになる。壺井栄の言葉を借りれば、「よめ菜の田圃は地ならしされ、あれよあれよという間に何階建てかの団地住宅が建ちならび、なお建てつづけられている」という状態になるのである（前掲「鷺宮二十年」）。

これに伴い、西武鉄道は北所沢を新所沢に、田無町をひばりヶ丘に駅名を改称している。学園都市ではなく公団の団地が、一戸建や木賃アパートの集中する区部ではなく団地の林立する郊外が、西武を代表する住宅地となるわけだ。新宿線の井荻《いおぎ》駅に近い「杉並区のはずれ」に住んでいた作家の開高健が、六七年に「文明は駅の周辺とか団地とかにあって、私のところにはないのである。ガスも水道もないのである。トイレはいまだに一穴式で、古式落下法をたのしむという仕掛けになっている。ガスはプロパン、水道は井戸である」（「巨大なアミーバーの街で」、『展望』六七年六月号所収）と嘆いたゆえんである。

この点、多摩平団地などの団地はできても、戦前から一戸建の持ち家に政治家や軍人、作家などのエリートや知識人が多く住み、郊外まで含めて一戸建を中心とする文化が確立されていた中央線とは異なる。また、早くから開発され、国立の一橋大学をはじめ、沿線に大学が多かった中央線の駅前には映画館や劇場、古本屋、喫茶店、雀荘などが建ち並んだのに対して、学園都市づくりに失敗し、沿線に大学が多くなかった西武池袋線や西武新宿線の駅前にはせいぜい西友ストアーや西武バスの発着場しかなく、団地には商店街など生活に必要な最低限の設備しかないところも多かった。

もう一つ、中央線との違いがある。

西武鉄道は、堤康次郎というワンマンによる一大コンツェルンの中心会社であった。しかも中央線は一本なのに対して、西武は池袋線と新宿線という二つの幹線が途中、乗換駅の所沢をはさんで三五キロあまりにわたり、ほぼ並行して走っていた。このため、ひばりヶ丘団地のように池袋線と新宿線にはさまれた地域では、団地内に西武ストアー（現・西友）ができ、鉄道もバスも西武が独占していたから、住民の生活の根幹を西武が握っていたといっても過言ではなかった。

そのため、西武という独占資本に搾取される沿線住民という図式が成立しやすく、六〇年安保闘争のあとも値上げ反対運動で沿線住民が結束した。このような沿線に住んでいると、マルクスの窮乏化理論はいかにも説得的であった。

その反面、地域の政治には相対的に関心が薄かった。また大学が少ないぶん、中央線沿線ほど六八～六九年の学園闘争に対する関心も高くなかった。とりわけ、大学生がほとんど住んでいなかった団地ではそうであった。

## 3―2　自治体と闘う――多摩平団地

### テラスハウス主体の団地

一九五八年十月、中央線の豊田《とよだ》駅北口、日野台地と呼ばれる段丘を切り開き、公団の多摩平団地が完成した。

ここはもともと、宮内省帝室林野管理局日野苗圃、林野庁林業試験場などがあったところで、五五年から公団の所有地となっていた。団地の総戸数は二七九二戸（うち三六戸は店舗付き）で、全戸賃貸。公団宅地分譲地に建設された住宅を含めると、総戸数は三三九二戸に達し、双方を合わせた人口一万一〇〇〇人は、日野町の総人口四万三三五七人の約四分の一に相当した（綿貫譲治『日本の政治社会』、東京大学出版会、一九六七年）。

2007年の多摩平団地の様子。団地竣工から年数を経て、木々が高く生い茂っている。現在は建て替えられ、「多摩平の森」となっている（撮影／著者）

多摩平団地が建設された背景には、日野町が衛星都市になろうと、中央線日野、豊田駅間三十万坪に四千五百世帯、二万人を収容する集団住宅街の誘致を進めたという事情があった（『日野市史』通史編四近代（二）現代、日野市史編さん委員会、一九九八年）。中央線沿線で、駅付近の一等地にまとまった土地を確保できるのは、せいぜいこのあたりにしかなかった。

団地は、庭付きのメゾネット型「テラスハウス」

が主体で、ほかには三階ないし四階のフラット型中層棟しかなく、スターハウスやボックス型ポイントハウスはなかった。テラスハウスには、ティルトアップ工法と呼ばれる最新の技術が導入されていた。またテラスハウスが主体だったため、間取りは１ＤＫが六九六戸、２ＤＫが五五六戸、３Ｋが一四二二戸、３ＤＫが八二戸と、当時の団地では広めの３Ｋが多かった。元からあったのを残した雑木林が、年月を経るとともに成長し、まるで団地が森のなかに溶け込んでゆくような景観となった。

都市計画家の佐藤滋は、「住戸も３Ｋ、３ＤＫが半数以上を占め、ゆったりとした自然と中低層の十分な広さを持った集合住宅からなる庶民の住宅団地としては当時の理想的な水準を示したものと言えよう」と述べている（『集合住宅団地の変遷』、鹿島出版会、一九八九年）。多摩平団地は全戸賃貸ながら、首都圏のほかの線に比べて住民の所得が高いといわれた中央線沿線にふさわしい団地といってよかった。団地の入居開始に合わせて、伊勢丹、丸井、高島屋といった店舗も進出してきた（日野市観光協会ホームページ）。

しかし、都心は遠かった。六七年までは中央線に特別快速（現・中央特快）がなく、豊田から新宿まで急行（現・快速）電車で五十分、東京まで同じく一時間七分かかった。しかも昼間の時間帯は、東京ゆきの直通電車がなく、すべて立川でいったん乗り換えなければならなかった。

それでも倍率は高く、第四次募集では最高で一一二・五倍の倍率に達した（『たまだいら　多摩平自治会20年史』、20年史編集委員会・多摩平自治会役員会、一九八〇年）。六一年六月当時の入居者の世帯主職業を見ると、六一・七％が会社員、一三・三％が公務員、七・四％が教師、四・四％が報道関係、三・七％が銀行員で、医師も一・七％いた（梅田美代子「ある地域住民運動の歴史」、『歴史評論』七二年一月号所収）。

**多摩平団地自治会の発足**

新たに団地住民となったのは、都区内の木賃アパートなど民間の借家から引っ越してきた夫婦が多かった。その一人、酒井美恵子はこう述べている。

私は昭和三十四年七月の第二次募集で一ＤＫに入りました。私も、あちこちの公団住宅に申し込んでいたんですが多摩平団地は七回落選者優先で、七回めで入りました。それまで、池袋の長屋のようなアパートの六畳一間におりました。しかし、隣近所との交流だけはさかんで、多摩平に越して来てからは、階段の上の人も下の人も、ほとんどあいさつも交さないという状況で、しばらくはやりきれない思いでした。（前掲『たまだいら　多摩平自治会20年史』）

前章で触れた関東と関西の人間関係の違いが、ここには反映されていよう。しかも、団地内の道路は未舗装で、雨が降るとぬかるんだため長靴が必需品だったうえ、街灯もついておらず、夜になると真っ暗になった。

児童の急増に伴い、団地に隣接して小学校も新設された。五九年四月、日野町立日野第五小学校が開校したが、五九年度に五五三人だった児童数は、七一年度に一四五三人に増加した。この間、日野第五小学校では、八回にわたり増改築を行っている。六五年四月には、日野第五小学校から日野第六小学校が分かれて独立したが、この小学校も六九年度には児童数が一〇〇〇人を突破している（前掲『日野市史』通史編四近代（二）現代）。

五九年四月、多摩平団地自治会が発足した。六〇年安保闘争よりも一年以上早かったばかりか、香里団地自治会ができるよりも四カ月早く、全国の大団地で初めての本格的な自治会であった。「自治」を鮮明にする組織が中央線沿線の大団地にいち早くできたことは、中央線の政治風土を象徴していたように思われる。

後に自治会の副会長となる岡田隆郎はこう述べている。

昭和三十年代の前半で当時日本最大の多摩平団地で自治会が生まれるというのは古い体質をもった日野町（三十九年〔正しくは三十八年十一月〕から日野市）や居住者の生活の不便や苦しさにお構いなしに家だけ建ててきた住宅公団にとっては、これが周辺地域や他団地に波及しては大へんな脅威だったようです。住宅公団は率先して団地内のサークルを組織して要求や運動なしの〝親睦〟自治会をつくろうとまでしました。勿論失敗でしたが――。日野町長は「水洗トイレやダストシュートもある団地族がまだあれこれ要求するのはエゴだ」と宣伝して従来から住んでいる町民と団地居住者とを意識的に分断しようとしました。(前掲『たまだいら　多摩平自治会20年史』)

自治会はこうした「攻撃」に対処すべく、手書きの『自治会ニュース』(後に活字印刷の『多摩平自治会ニュース』)を発行した。この新聞は六一年に発刊された『香里団地自治会報』(後の『香里団地自治会新聞』)とは異なり、西暦表記であった。また、自治会は戦時中の隣組と区別するため、五十世帯単位のブロック制をしき、ブロック集会を最下位の機関として下からの意見を吸い上げるようにした(波田行三「日野多摩平団地自治会」、『都政』六一年三月号所収)。任意加入だったため、六一年度末の時点で全体の六割にあたる千七百世帯しか加入していなかったが、後述するような実績を上げるとともに加入率が上がっていった。

## 下水道料金不払い運動

自治会が生まれるきっかけとなったのは、五八年十二月に日野町が突如として下水道料金の徴収を始めたことにあった。その概要は、公団による次の引用文に詳しい。

多摩平団地の下水道施設は、公団が建設して町に移管し、町が経営し料金を取立てるシステムになつていた。ところが、この点に関して、入居者にたいする公団ならびに町側の説明が不十分であり、入居者の側からすれば、12月になって突如としていわれのない下水道料金を家賃・共益費の他に徴集されるに至り、納得できないものを感じたのは当然であろう。しかも、下水道料金が、上水道料金の4割（1㎥8円80銭）という比較的高額であつた。さらに、上水道は、団地内上水道については公団直営であり団地外については町営であるが、その料金の間には差があり、基本料金が公団直営上水道では10立方米220円、団地外の町営水道では160円であることが判明し、そこにも納得できないものを感ずるのもまた当然であろう。（『アパート団地居住者の社会心理学的研究』その3、日本住宅公団建設部調査研究課、一九六三年）

団地住民は、公団に支払う共益費のなかに下水道料金が含まれていると思っていたようである。自治会は下水道料金不払い運動を起こし、町と闘う姿勢を鮮明にした。不払い戸数は、六〇年八月に五三四戸、六一年一月に一三六四戸、同年二月に一九三八戸に達した。六一年十二月には、住民が町長を相手取り、「下水道条例無効」の行政訴訟を起こしている（前掲「ある地域住民運動の歴史」）。

岡田隆郎の回想はこうである。

最近の団地自治会は、公団に対して、修繕がどうか、家賃がどうかということが大きな問題になっていますが、多摩平団地では、自治体に対する要求が、昭和三十年代から基調になってきたようです。昭和三十年代では自治体に物を言うということはたいへん勇気のいることで、この自治会闘争の中で多摩平自治会の背骨がしっかりつくられたと思いますね。（前掲『たまだいら　多摩平自治会20年史』）

前掲『アパート団地居住者の社会心理学的研究』その3は、団地と地元社会との関係を、「団地が地元社会から浮き上がつて両者の間に緊張関係が生じている場合」「団地が地元に協調的な姿勢をとり両者の融和が或程度うまくいつている場合」「そのいずれともつかない関係が存在する場合」の三つに分け、香里団地を第三の事例、多摩平団地を第一の事例にあげている。同じ日野町でも、自治会があったほうがよいという理由として、商店街のK自治会は「近所附合いや近所のまとまりの為に」が二五・三％、職員住宅のD自治会は「防犯、防火の為」が二六・九％と、それぞれ最も多かったのに対し、多摩平団地自治会は「役場への要求の為」が三二・〇％で、他の理由を圧倒していた（同）。

同書ではあげられていないが、六四年の第一回「だんち祭」から、草加市長と自治会長を乗せたヘリコプターが舞い降りるという派手なパフォーマンスを演じた埼玉県草加市の草加松原団地は、第二の事例、つまり「団地が地元に協調的な姿勢をとり両者の融和が或程度うまくいつている場合」に属するだろう（獨協大学地域総合研究所所蔵「第六回まつばらだんち祭」パンフレット）。団地ではなくても、対自治体闘争を行った点では国立町の浄化運動も同じであり、ここには「自治体に物を言う」中央線沿線の政治風土があった。

自治会の運営は当初、団地在住の男性が中心で、女性の役員は、副会長となった秋山たか子の一人しかいなかった。多くの男性は長時間の通勤や仕事に時間をとられたため、役員会や委員会は午後九時を過ぎなければ開催できず、三回に二回は流会となり、開催されたときには終了時間が午前零時や一時になった（前掲『たまだいら　多摩平自治会20年史』）。

なお下水道問題は、七年間、四十一回の公判の末、六八年三月、東京地裁で住民側の勝訴、日野市側の敗訴が確定した。日野市は不当利益の見返りとして、七一年一月、団地内に多摩平中央公園地区センターを開設している。

## 秋山たか子の回想

前掲『たまだいら　多摩平自治会20年史』には、第一期から第二十三期まで、五九年四月から八〇年六月までの自治会役員の名簿が一括して掲載されている。これを見ると、長期にわたって役員を続けている住民が多いことに気づく。

例えば、岡田隆郎は第一、二、九、十、二十、二十一期に役員、第十一、十三〜十六期に事務局長、第十七、十八、二十二、二十三期に副会長になっている。北村文芳は第六〜九、十一期に役員、第十期に事務局長、第十二期に副会長、第十五期に会計監査になっている。鈴木美奈子は第四、二十〜二十三期に役員、第五期に会計になっている。東王地千鶴子は第十一〜十六期に役員、第十七〜二十一期に事務局長になっている。

第一期に副会長となった秋山たか子は、第四期にも副会長になってから、六三年に「多摩平婦人会」を発足させた。前掲「新市民層の意識」で、秋山は「A夫人」としてこう描かれている。

お花とお茶の先生で、2DKの一室で、花をかかえたお弟子さんをそばにまたせておいて、「ええ、いいんですよ。わたしゃ、こんな話が好きなんだから」と、ことばがとぎれない。おかみさんタイプといって失礼ながら、下町ふうの人である。

自治会の創設者の一人。初代副会長兼婦人部長で、団地の事情通。支持する政党は革新。「だまっていられない性分だから、子どものための遊園地運動をしたり、魚屋にハエがたかっているから、下水道をつくる交渉をしたら、みなに革新にされちゃったんですよ」という。だが、市の行政にまったく協力しないという自治会の共産党系の主張には反対らしい。

革新だが共産党ではないというスタンスは、この時期の中央線の政治風土とも響きあっている。秋山自身は後に、「ちょっと一生懸命活動すると、やれ何党だ、などと言われますが、私なんか、ほんとうに純粋な住民運動として、そんな、保守、革新はぬきにして、とにかくみんなと話しあいながらやっていかなければ住みよいところもつくれないと思ってやってきたんですよ」（前掲『たまだいら　多摩平自治会20年史』）と回想している。

## 長く住み続ける住民

多摩平団地は、全戸賃貸にもかかわらず、比較的長く住む世帯が多かった。六八年に行われた日野市役所の調査によれば、入居者の定着率は3Kが五五・一%、3DKが七二・三%に達している（前掲「ある地域住民運動の歴史」）。

この背景には、団地にしては広い間取りや駅からの近さ、緑に囲まれた環境など、多摩平団地自体の魅力もさることながら、大阪よりも劣悪な東京の住宅事情があった。首都圏の住宅不足はなかなか解消せず、六〇年代後半になっても都心に近い北区から大田区にかけての一帯には、木賃アパートが増え続けた。建築家の西山夘三は、六六年に「最近の3DK居住者の調査では八〇%が永住するといっている」（前掲「生活革新のヴィジョン」）と述べたが、この年には団地住民自身も、子供が生まれると狭くなるはずの2DKですら、「ほとんど永住的な性格をもつようになってきているのではないだろうか」という実感を抱くに至っていた（後藤茂ほか「団地永住者は訴える」、『中央公論』六六年八月号所収）。また、光化学スモッグなど東京の公害問題が深刻になるとともに、都区内よりも空気のきれいな郊外に住むほうが、健康的な生活を送れると思われるようになった。

いずれにせよ、多摩平団地では長く住み続ける住民が多かったことが、持続的な自治会の活動を可能にした。下水道問題こそはその証左であり、六〇年代後半になって転居者が相次いだ香里ヶ丘文化会議とは対照的であった。

## 「多摩平声なき声の会」の発足

香里団地の香里ヶ丘文化会議に相当するものとして、六〇年六月五日、多摩平声なき声の会が発足した。声なき声の会の行進が初めて街頭に現れた翌日のことであり、香里ヶ丘文化会議より約三カ月も早かった。

安保闘争で国会周辺をデモ行進する「多摩平声なき声の会」の人たち。1960年６月11日撮影（写真提供／毎日新聞社）

> 団地自治会、下水道問題の対策委員会や住民集会、母親の読書会などで顔見知りになった十数名の人々が、昭和35年5月から6月にかけて安保斗争の進展のなかで、署名活動を始め、約１０００名の署名を集めた。この好結果に力づけられ、また、ひばりヶ丘団地に住む同僚からヒントを得たS大学のS氏が発案して、6月始めにグループとしての会合が開かれ、多摩平団地「声なき声の会」の名称を採用し、東京の「声なき声の会」と連絡をもつようになつた。（前掲『アパート団地居住者の社会心理学的研究』その3）

S大学のS氏とは、専修大学助教授で民法学者の佐々木金三のことである。

多摩平声なき声の会は、「無党無派の集会をつくろう。党派にこだわらず、今の日本の政治について討論する集りを、自分の住んでいるところ、つとめているところにつくることを、ひとりひとりが呼びかけよう」という鶴見俊輔の「市民集会の提案」に賛成して、六〇年七月十七日にまず「安保条約と憲法との関係」を研究する会を開いた。七月三十一日には、世話人会も開かれている(『声なき声のたより』創刊号および第二号、六〇年七月十五日、八月一日)。

では、どういう人々が多摩平声なき声の会に加わったのか。『声なき声のたより』には、団地在住の小松久美子や黒田佳代が投稿している。どうやら、佐々木金三を除けば、無名の主婦が多かったようである。

多摩平声なき声の会で佐々木金三が何をしていたのかはわかっていない。香里ヶ丘文化会議で華々しい活躍を見せていた多田道太郎や樋口謹一とは、この点が違う。同じ法学系でも、樋口の専門は政治思想史、佐々木の専門は民法という違いもあろうが、それ以上に大きかったのは、学問に対する東京と京都の気風の違いだったろう。鶴見俊輔ら声なき声の会と具体的なやりとりがあったのかどうかは、『声なき声のたより』を見てもわからない。

世話人会の結果、毎月一回テーマを決めて集会所に集まること、運営委員を八名とすることなどが決められた。月一回の勉強会に集まる人数は平均三〇名程度であったが、小松久美子は、「出席数の少〔な〕いことをうれえる気持はない。私たちは職業的オルグではないし、啓蒙家の使命感にもえてもいないからである」(「活動はつづいているがどうなるのかサッパリ判らない」、『声なき声のたより』第二号、六〇年八月一日所収)と述べている。

多摩平声なき声の会では、香里ヶ丘文化会議や声なき声の会同様、規約がつくられなかった。会員制度もとられず、勉強会の経費もカンパと出席者からの会場費でまかなった。すべての事務や財政は、「準備委員(五・六名)と他三・四名の方々」が負っているような状態であった(「各地の動きから」、『声なき声のたより』第九号、六一年四月二十日所収)。『香里めざまし新聞』のような本格的な新聞も発行されなかった。

しかし安保闘争の終結後も、多摩平声なき声の会は活動を続けた。香里ヶ丘文化会議と同様、新安保条約に反対したり、安保について持続的な学習会を開いたりした形跡はないが、六一年七月に開かれた「松川事件の映画と講演の会」には約二〇〇人が出席し、カンパで八千円が集まった。出席者の半分以上は、主婦であった。

松川事件とは、一九四九年に東北本線の松川―金谷川《かなやがわ》間で起こった列車往来妨害事件のことで、六一年一月に映画「松川事件」が全国公開された。同年八月に開かれた仙台高裁での差し戻し審では、松川事件の被告人全員に無罪判決がいい渡されている。

「松川事件の映画と講演の会」を機に、多摩平声なき声の会は毎月一回テーマを決めて集まる方式から、テーマを検討して適宜集まる方式へと会の運営を変えた。前述した下水道問題については、自治会と協力関係を築き、日野町(六三年十一月より日野市)と闘う姿勢を貫いている。

## 基地問題と多摩平平和の会

多摩平団地でも、香里団地同様、団地内に保育所がなかった。自治会役員の鈴木美奈子が中心となり、日野町に対して保育所を開設するよう要求し、六二年十月には町立多摩平保育所（現・多摩平保育園）が設立された。枚方市立香里団地保育所の開所に遅れることわずか三カ月のことであった。香里団地で香里ヶ丘文化会議が率先して行ったことを、多摩平団地では多摩平声なき声の会ではなく、自治会が行ったのである。

これと並行して、幼稚園をつくらせる運動も起こり、六二年五月には母親たちによって町立幼稚園建設準備委員会がつくられた。六四年七月、市議会で補正予算が認められ、団地内に市立幼稚園が建設されることになった。「〝よそもの〟である団地の母親が、団地を白眼視する地元市長、市議会（当時は町）を説得して獲得したのである」（前掲「新市民層の意識」）。

建設用地を決めるのに難航したものの、六五年四月に日野市立第一幼稚園が開設された。こちらは枚方市立幼稚園の設立よりも早かった。六六年五月には、三歳児のための自治会幼児教室が開設されている。

多摩平団地は、香里団地と違って米軍立川基地や横田基地に近く、米軍機の騒音に悩まされる団地住民は基地問題に敏感にならざるを得なかった。たとえ安保反対を叫ばなかったとしても、多摩平声なき声の会が香里ヶ丘文化会議のような文化サロンにならなかったゆえんである。「大団地の住みやすさを総点検」と題する週刊誌の記事で、多摩平団地在住のある公務員は、「緑の豊かさはいいのだけど、近くの立川飛行場に発着する米軍機の騒音が、たまりません」（『週刊現代』六七年七月二十七日号）と答えている。

六三年末、福岡の板付基地（現・福岡空港）から横田基地に米軍のＦ１０５Ｄ戦闘爆撃機が移されることが新聞で伝えられた。これに伴い六四年一月二十六日、東京都平和委員会などが「Ｆ１０５Ｄ機横田基地配備反対」をスローガンとする「水爆と爆音反対、Ｆ１０５Ｄ配備阻止、平和と生活を守る大集会」を横田基地の周辺で開催した。「一二万三〇〇〇名を結集したこの集会に、団地の婦人、青年たちが大型バス一台を満員にして参加した。それは前年末の、保育所・幼稚園運動やその他の自治会活動、また小学校ＰＴＡ民主化の運動、原潜『寄港』反対などの運動で知りあってきた仲間たちであった」（前掲「ある地域住民運動の歴史」）。

六四年三月、多摩平声なき声の会は「多摩平平和の会」となり、政治的主張を鮮明に掲げる会へと転換した。声なき声の会自体は存続していたにもかかわらず、今後は完全に袂《たもと》を分かつことを明らかにしたのである。

多摩平声なき声の会の発足当初から会員だった小松久美子は、「私個人の考えとしては、戦後史の中に、特筆さるべき安保改訂反対運動の中で、自発的に育った、市民の集合体である『声なき声の会』の性格と名称は、どんなに実体がある時期かぼそくても、存続させてほしいと思っています」（『声なき声のたより』第三四号、六五年六月二十日所収）と述べ、無党派の市民を中心とする会が、名称変更とともに性格を変えることを危惧していた。

小松の危惧は的中したといえるかもしれない。六四年九月、多摩平団地に「新日本婦人の会多摩平班」ができたからである。香里団地と同じように、この団体は日本共産党の女性支持者を増やす重要な基盤となってゆく。

**多摩平平和の会の活動**

では、多摩平平和の会はどのような活動を行っていたのか。自治会が発行していた『多摩平自治会ニュース』から見てみよう。

六四年九月五日。午前九時半から十一時半まで西集会所で自治体文化部と共催で団地在住の佐藤保の講演会「最近のベトナム現地を見て」。

六四年九月二十三日。豊田駅前からバス。横須賀臨海公園で原子力潜水艦寄港に反対する集会・市内デモ。

六四年十一月七日。午後七時から西集会所で自治会文化部、新日本婦人の会多摩平班と共催で団地在住の法政大学教授・花原二郎の講演会「物価はなぜあがる?」。

六五年一月二十四日。南集会所で新年会。七十名を越える参加者。原潜反対などを決議。

六五年四月二十五日。午後一時半から南集会所で新日本婦人の会多摩平班と共催で加茂徳治(日本ベトナム友好協会)の講演会「ベトナム情勢をどうみる」。

六五年六月。新日本婦人の会多摩平班とともに都政刷新運動にとりくむ。
六五年七月十八日。高島屋前で新日本婦人の会多摩平班とベトナム侵略反対、原爆被害者救援を訴え、三時間で二百名の署名と五千円のカンパを集める。
六五年十二月十日。自治会あてに「戦争の危機を増すといわれる日韓条約についての衆参両院の強行採決ぶりは黙視できない。こうしたやり方で小選挙区制、憲法改悪が強行されたら大変なことになる。都議会のリコール運動の経験に学んで自治会でも主権在民、民主主義のためにがんばってほしい」とする文書を送る。
六六年七月九日。午後七時~九時。南集会所で新日本婦人の会多摩平班と共催、自治会後援で映画「ベトナム人民は必ず勝利する」。歴史学者・高橋慎一の時事講演会「平和問題について」。

基地問題に対する関心の高さを反映して、ベトナム戦争関連の講演会や署名・カンパ活動が多いことがわかろう。六五年六月の都政刷新運動については後述する。

同時に気づくのは、新日本婦人の会多摩平班との共催が多いことである。平和の会と新日本婦人の会の活動は、ほとんど一体だったのだ。

**自治会と都政刷新運動**

地方自治体と闘う多摩平団地自治会の本領は、六五年三月に行われた都議会議長選挙に端を発した汚職事件、いわゆる黒い霧事件でいかんなく発揮された。三人の自民党都議が議長ポストをめぐって激しく争い、同僚都議に金をばらまいたのである。

この事件で、六五年四月に議長が逮捕され、六月には自民党の都議一七人が逮捕、起訴された。都民の怒りは爆発し、北区の赤羽台団地では演出家の広渡常敏《ひろわたりつねとし》が、俳優や画家の仲間と団地内で都議会と知事のリコールを呼びかけた。多摩平団地でも、自治会が都議会の解散、リコールを求める運動を始めている。

団地の自治会がこうした運動を始めるのはきわめて珍しかった。岡田隆郎は、「昭和四十年、汚職都議会のリコール運動にもとりくんだんですね。自治会の名前でとり組んだのは全国で多摩平だけなんですね。NHKテレビで〝多摩平自治会がリコールに立ち上がった〟なんて出ましたね」と回想している（前掲『たまだいら　多摩平自治会20年史』）。

六五年六月五日、午後七時半から十時まで、南集会所で「汚職都政反対・リコール運動推進多摩平住民集会」が開かれた。自治会会長の清水耕一は、「地方自治法の改正という天下り的なものによる解散では真の都議会刷新にはならない。住民の力を結集、リコールが成立してはじめて浄化刷新ができる」と話した（『毎日新聞』東京版多摩、六五年六月六日）。次いで評論家の神崎清が「都政刷新について」と題して講演した。

翌日午後から、自治会は多摩平郵便局前で街頭署名活動を行った。「この日は署名人にも、また署名運動の手伝いにかけつけた人にも主婦の多いことが目立ちました」（『多摩平自治会ニュース（臨時)』六五年六月八日)。署名総数は三千七百あまりで、団地有権者の過半数に達した。団地住民の政治的関心の高さがうかがえる数字であった。

六月十四日、都議会は解散する。「今回のリコール運動の成功は何といっても多摩平で長年にわたってつちかわれた諸運動の蓄積の結果です。また新婦人の会の人たちを中心とした婦人の熱意、平和の会の人たちの協力が目立ちました」(同、六五年六月二十八日)。結成されてわずか一年足らずで、新日本婦人の会多摩平班が、いかに多摩平平和の会と肩を並べるほどの政治的存在になっていたかがわかろう。

## 自治会の主役は女性に

六六年四月、第九回自治会総会が開かれ、六六年度の役員が決まった。二三人の役員のうち、一一人が女性であった。「役員のうち半数を婦人が占めていることは、団地の自治会活動がなんといっても昼間家庭にいる主婦が主体になることが長年の懸案であっただけに、これからの活動が期待されます」(同、六六年五月三日)。

この前月に行われた日野市議選では、自治会の現職役員で、『アカハタ』記者の北村文芳が、日本共産党から立候補し、全候補者中三位、団地から立候補した六人のなかではトップで当選した(『昭和41年日野市事務報告書』、日野市役所、一九六七年)。

北村文芳は市議になってからも、自治会の役員を続けている。枚方市議選に当選するや、「市議になって会長をつづけることは、好むと好まざるとにかかわらず、自治会が武知ワンマンパーティを強める結果になる」(『香里団地新聞』六八年十一月一日)として自治会会長を辞任した武知正男とは対照的であった。

だが、北村は「反党活動」を行ったとして、六七年に共産党を除名された。これはおそらく、中国の文化大革命をめぐる評価で、日本共産党内部で深刻な対立が生じたさい、党内の「親中国派」が大量に除名されたことと関係がある(前掲「ある地域住民運動の歴史」)。共産党に所属しながら、公然と分派活動を行う市議が出てくること自体、中央線の政治風土を反映しているといえるかもしれない。

共産党の勢力が強くなるとともに、自治会への攻撃も見られるようになった。六七年十月には、岡戸利秋が運営する個人新聞『市民新聞』が、自治会は「特定の政治屋グループ」によって運営されているとした(『多摩平自治会ニュース』六七年十一月二十日)。岡戸は、自治会との意見交換をするために市長が委嘱した行政協力員であった。また『朝日新聞』でも、自治会が社会党、共産党の両党によって私物化されているという意味の記事が掲載されたことがあったという(前掲『たまだいら 多摩平自治会20年史』)。

自治会は、日野市に強く抗議し、六八年十二月に行政協力員制度を廃止させた。また朝日新聞東京本社を訪れて社会部長と話し合い、取り消しの記事を出させている(同)。

六九年四月には第十二回自治会総会が開かれたが、このとき決まった六九年度の役員二七人のうち、女性は二一人を占めた。七〇年三月の日野市議選では、自治会役員経験者で、日本共産党役員の鈴木美奈子が共産党から立候補し、全体で十位、団地から立候補した四人のなかでは二位で当選した。北村文芳も立候補したが、落選している（『昭和45年3月1日執行日野市議会議員選挙の記録』、日野市選挙管理委員会、一九七〇年）。

### 革新政党の地盤となる多摩平団地

こうして見ると、多摩平団地は六五年ごろを境に、声なき声の会、初期自治会時代の中央線的な無党派の政治風土から、新日本婦人の会、共産党、社会党を中心とする革新政党の地盤へと徐々に変化したことがわかる。

衆議院議員総選挙に見る共産党の得票率を見ると、日野市では五八年から七二年まで、一貫して上がり続け、五八年に二・三％だったのが、六〇年に五・八％、六三年に八・三％、六七年に一一・二％、六九年に一六・六％、そして七二年には一八・三％と、ほぼ八倍に増えている（『昭和33年5月22日執行衆議院議員総選挙の記録』、東京都選挙管理委員会、一九五八年、『昭和35年11月20日執行衆議院議員総選挙の記録』、同、一九六一年、『昭和38年11月21日執行衆議院議員総選挙の記録』、同、一九六四年、『昭和42年1月29日執行衆議院議員総選挙の記録』、同、一九六七年、『昭和44年12月27日執行衆議院議員総選挙の記録』、同、一九七〇年、前掲『昭和47年12月10日執行衆議院議員総選挙の記録』より算定）。この点では香里団地のある枚方市と同じだが、市議会では自民党が共産党を上回る議席数を維持している（前掲『昭和45年3月1日執行日野市議会議員選挙の記録』）。

しかし、革新政党の勢力は着実に浸透していった。革新統一候補の美濃部亮吉《みのべりょうきち》が当選した六七年四月の東京都知事選挙では、革新政党を中心とする勢力が「日野市明るい革新都政をつくる会」をつくり、平和の会や新日本婦人の会がその推進力となった。七三年の日野市長選では、日本共産党、日本社会党、公明党などでつくる「新しい革新日野市政をつくる会」が支持する森田喜美男が、保守系の現職、古谷栄を破って初当選を果たしている。

森田はその後、五期連続で市長をつとめ、八十一歳となった九三年には共産党単独推薦で六選を果たし、全国最高齢の市長になった。

**風紀の乱れに対する敏感な反応**

一九五〇年の朝鮮戦争勃発に伴い、米軍立川基地のある立川市の風紀が乱れたとき、隣の国立町では町民による浄化運動が起こった。それは国立が、立川から中央線に乗ればわずか一駅しか離れていなかったからである。

多摩平団地の最寄り駅である豊田も、立川から二駅しか離れていない。団地が駅と隣接しているため、自治会は基地の問題に敏感であるとともに、風紀の乱れに対しても敏感であった。『多摩平自治会ニュース』六五年十二月十五日には、次のような記事がある。

多摩平交番斜め前に現在建築中の鉄筋三階建の建物は、着工当初からトルコ風呂ではないかとの噂が流れていましたが、自治会の調査によれば建築申請では一階遊戯場、二階喫茶店、三階宿舎となっています。しかし実際は一階パチンコ店、二、三階は当初はともかくとして時機をみてトルコ風呂、キャバレー等になる可能性が強いとみられます。自治会ではさる五日の第十一回役員会の決定で十一日、日野警察署長、東京都公安委員長、八王子保健所長に「パチンコ店、トルコ風呂等の設備反対に関する要請書」を提出。今後の事態によってはＰＴＡなどにもよびかけてひろく運動をすすめる予定です。

自治会の調査よりも根拠なき噂のほうが優先され、「トルコ風呂」や「キャバレー」、「パチンコ店」の建設に反対するのは、いささか奇妙である。だが前述のように、中央線の沿線はもともと喫茶店や雀荘などが多く、六九年に米軍立川基地での飛行活動が停止されてからも、駅に隣接する団地は猥雑な風俗が入り込みやすかったことを考えれば、理解できなくもない。

これは結局、噂のレベルで終わったようだが、多摩平団地では七二年八月から七三年一月にかけて、パチンコ店開業反対運動がもう一度起こっている。このときは公団が出店を許可し、業者が機械まで搬入したにもかかわらず、自治会が反対の立場を明らかにし、住民が日野警察署や警視庁、公団の支社に何度も行って交渉を重ねた末、東京都公安委員会に不許可の返事を出させている（前掲『たまだいら　多摩平自治会20年史』）。

後述するように七〇年代に入ると、団地は新中間階級が高倍率で入居するというイメージに代わって、密閉された空間で主婦が昼間から情事にふけるという、いかがわしいイメージが台頭してくる。しかし、コンクリートの壁を越えた活動がさかんな六〇年代の記憶を引きずっていた多摩平団地の住民は、自分たちがそうした想像を誘発しているなどとは断じて考えなかったであろう。団地の風紀が乱れることに対する警戒感は、ロマンポルノ的な語りに対する警戒感につながっていたのかもしれない。

## 交通問題に対する不満の少なさ

多摩平団地自治会は、自治体と闘争する一方、家賃値上げ反対のため公団とも闘った。また牛乳代値上げ反対のため、地区割で割安の牛乳を共同購入した。立川基地から米軍が撤収してからも、陸上自衛隊の使用に反対する運動を続けるなど、平和の会の活動は七〇年代になっても終わらなかった。香里ヶ丘文化会議とは、この点が違っていた。

香里団地のようにバスを使う必要がなかった多摩平団地では、交通問題に対する不満の声が少なかった。これは後述する西武沿線にあるひばりヶ丘団地や滝山団地との大きな違いでもあった。中央線は、首都圏の国電でのなかでは山手線よりも格上と見なされ、最も早く十両運転を始めたばかりか、最も早く最新鋭の車両が投入され、六三年十一月に豊田駅電留線が、さらに六六年十一月には東洋一と呼ばれた豊田電車区（現・豊田車両センター）が完成し、始発電車が多くなったため、座っての通勤も可能だった。

六七年七月には、豊田にも停まる特別快速（現・中央特快）の運転が始まった。『多摩平自治会ニュース』六七年十月二十日号には、豊田駅を発着する電車の時刻表が掲載されている。これを見ると、昼間の時間帯の上りは立川止まりがなくなってすべて東京ゆきとなったうえ、毎時六本のうち三本が特別快速になっている。特別快速に乗れば、新宿へ三十二分、東京へ四十八分で行けた。それまで、新宿へ五十分、東京へ一時間七分かかっていたのに比べると二十分近くも短縮されたわけである。

国鉄は六四年度に三百億円の赤字を計上して以来、赤字経営を続けることになるが、七〇年代前半までは私鉄と比べても運賃を低い水準に抑えていた（中西健一『戦後日本国有鉄道論』、東洋経済新報社、一九八五年）。とりわけ新宿、東京に一本で行ける中央線は、西武よりも運賃の割安感があり、多摩平団地でも六〇年代後半までは、国鉄の運賃が上がっても反対運動が起こらなかった。しかし、国鉄の経営が悪化して大幅値上げが相次ぐ七〇年代前半以降になると、自治会の運賃値上げ反対運動が年中行事化する。

## 3―3 社会主義の広がり――ひばりヶ丘団地

### 「むさし野線市民の会」の発足

声なき声の会の結成に即応して多摩平声なき声の会ができたのと同じころ、西武池袋線沿線に住

**久野収**［1910-99］（写真提供／共同通信社）

む知識人を中心に、もう一つの会ができた。「むさし野線市民の会」である。

駅でいえば石神井公園在住の久野収を中心に、中村橋在住の遠山茂樹（歴史学者、横浜市立大学教授）、富士見台在住の篠原一（政治学者、東大助教授）、同じ石神井公園在住の坂本義和（同）、我妻《わがつま》栄《さかえ》（法学者、京大名誉教授）、武谷《たけたに》三男《みつお》（物理学者、立教大学教授）、大泉学園在住の家永三郎（歴史学者、東京教育大学教授）、暉峻《てるおか》淑子《いつこ》（法政大学大学院生）らがたちまち集まった。事務局は、江古田《えこだ》在住の小松茂夫（哲学者、学習院大学助教授）方におかれた。

> 新安保条約強行採決によって惹起された民主政治の深刻な危機の中で、旧むさしの線沿線に住む学者文化人達は、民主々義の根本原理に立ちかえって、自分達の住んでいる地盤から本当の民主々義を産み出してゆくために「むさしの線市民の会」を作りました。（『声なき声のたより』創刊号、六〇年七月十五日）

この「むさしの線市民の会」を、久野は「武蔵野沿線市民会議」と呼び換えたうえで、こう回想している。

ぼくたちは、当時住んでいた練馬区の地元でも下からの行動を起こしました。まず、運動体として「武蔵野沿線市民会議」——いまの西武池袋線の沿線ですが、一層広い領域を意味させるために、旧称を使ったのです——をつくり、東大の坂本義和君、篠原一君、学習院の白井健三郎君、大泉の家永三郎君や暉峻淑子君らも加わって、街頭アピール行動をしたり、市民大集会を開いたりしました。これには驚くほど人々が集まり、熱心に耳を傾けてくれました。

この市民会議結成の呼びかけ人が、多彩だった。まず、法学界の長老・我妻栄博士、青地晨《あおちしん》君、武谷三男君、梅崎春生君、磯野富士子さん、普通の家庭の主婦、サラリーマン代表……といった具合でした。(「市民として哲学者として」、佐高信編『久野収集』V、岩波書店、一九九八年所収)

「むさしの線」「武蔵野沿線」というのは、西武池袋線の前身が西武武蔵野線であり、さらにその前身が武蔵野鉄道であったことによる。西武という名称を避けたのは、「一層広い領域を意味させる」という久野自身の説明のほか、親米反ソを政治信条としていた堤康次郎が、一貫して岸信介を支持し続けたことに対する反発があったのかもしれない。

香里ヶ丘文化会議や多摩平声なき声の会が、せいぜい香里団地や多摩平団地という一団地での運動だったのに対して、むさし野線市民の会は江古田から大泉学園にかけての西武池袋線沿線全体に広がる運動を目指した点が違っていた。また多摩平声なき声の会のメンバーとなったのは、佐々木金三を除けば無名の主婦が多かったのに対して、むさし野線市民の会や中練馬市民のつどい、民主主義を守る石神井の会などに加わったのは、学習院大学講師の久野収を含めて、論壇で活躍する有名大学の教員が多かった。児童文学作家の鳥越信は、こうした居住地組織の根底に「講壇から見下す姿勢」があることを鋭く読みとっていた(『日本読書新聞』六一年四月三日)。

### ひばりヶ丘団地の完成とむさし野線市民の会

しかし、西武池袋線沿線に団地がなかったわけではない。多摩平団地に匹敵するひばりヶ丘団地があったからである。

ひばりヶ丘団地は、西武沿線で最大の軍需工場だった中島航空金属田無製造所の跡地に建てられた。軍需工場の跡地に建てられたという点では、中島飛行機武蔵製作所の跡地に建てられた武蔵野緑町団地(一〇一九戸、全戸賃貸、現・武蔵野緑町パークタウン)と共通する。皇太子夫妻は、六〇年九月にひばりヶ丘団地を訪れてから、その足で武蔵野緑町団地にも訪れている。

ひばりヶ丘団地の敷地は、北多摩郡保谷町、久留米町、田無町の三町にまたがっていた。1~59号棟と163~182号棟が久留米町、60~129号棟が保谷町に属していたのに対して、田無町に属していたのは130~162号棟と少なかった。

総戸数は二七一四戸と、多摩平団地とほぼ同規模で、全戸賃貸というのも多摩平団地と同じであった。だが、多摩平団地では3Kのテラスハウスが主体だったのに対して、ひばりヶ丘団地ではテラスハウスよりも四階建フラットタイプのほうが多く、間取りは2DKが最も多く、多摩平団地にはないスターハウスも四棟あった。

この点でひばりヶ丘団地は、香里団地に似ていた。大企業に勤めるサラリーマンの割合が、香里団地で四六%であるのに対して、ひばりヶ丘団地で五〇%というのも似通っていた（前掲「団地の人間関係学」）。だが、香里団地が丘陵地帯に建てられたのに対して、ひばりヶ丘団地は平坦な台地上に建てられた。また香里団地は、親の家や持ち家、官舎住宅から引っ越してきた人が多かったのに対して、ひばりヶ丘団地は借家や間借り、私営アパートから引っ越してきた人が多かった（前掲『アパート団地居住者の社会心理学的研究』その2）。ここには、関東と関西の住宅事情の違いがまざまざと反映している。

久野収らはむさし野線市民の会の活動の一環として、六〇年六月十日にひばりヶ丘団地を訪れ、開校したばかりの保谷町立中原小学校（現・西東京市立中原小学校）で講演会も開いていた。同日、竹内好は日記に記している。

九時半、江古田駅へゆく。武蔵野線沿線の市民の会の宣伝第二班に属し、団地をまわる。総指揮は久野収。第二班は藤田省三、遠山茂樹ら。（前掲『竹内好全集』第十六巻）

竹内は中央線沿線の吉祥寺に住んでいながら、むさし野線市民の会に加わったのだ。同じ吉祥寺在住で、六〇年安保闘争で指導的役割を果たしながら、居住地組織には積極的に加わらなかった丸山眞男とは、この点が違っていた。

香里団地では、団地の完成とともに京大系の知識人が移り住み、団地のなかから「市民主義」を掲げた動きが出てきた。多摩平団地でも、専修大学助教授の佐々木金三が中心となり、声なき声の会に呼応して直ちに多摩平声なき声の会がつくられた。ところがひばりヶ丘団地では、団地のなかから「市民主義」が出てくるよりも前に、西武沿線のほかの地域で生まれた「市民主義」が波及してきたのである。

## 「ひばりヶ丘民主主義を守る会」の発足

六〇年六月十日にむさし野線市民の会がひばりヶ丘団地で開いた講演会を聴いていた一人に、上田建二郎がいた。上田耕一郎の実弟、不破哲三である。

不破哲三は、抽選に当たって西荻窪の木賃アパートから移り住んだ六〇年から、衆議院議員総選挙に立候補するため墨田区に引っ越す六九年までの間、ひばりヶ丘団地に住んでいた。上田耕一郎も松戸市の常盤平団地に六〇年から六五年まで住んでおり、日本共産党の若き理論派が二人とも団地に住んでいたことになる。

不破は、むさし野線市民の会に加わるのではなく、別個に居住地組織をつくることにし、六〇年六月二十四日、ひばりヶ丘団地で「ひばりヶ丘民主主義を守る会」が結成された。同じころ、矢田部理《おさむ》ら社会党系の住民も、「ひばりヶ丘市民会議」を結成している。つまり、無党派を標榜するむさし野線市民の会に対抗して、ひばりヶ丘団地では共産党系と社会党系の二つの組織ができたわけである。

この二つの組織は六一年一月七日に合同し、「ひばりヶ丘民主主義を守る会」となった。民主主義を守る会は会報『ひろば』や『守る会ニュース』を発行したが、いずれも『香里めざまし新聞』のような活版印刷でなく、手書きのガリ版刷りで、西暦のみの表記であった。

不破哲三［1930-］（写真提供／毎日新聞社）

メンバーとなったのは、不破哲三や妻の上田七加子《なかこ》、矢田部理のほか、日教組本部書記次長の山村ふさ、一橋大学助教授で社会主義経済が専門の宮鍋《みやなべ》幟《のぼる》、日大講師で素粒子論が専門の井本三夫、共産党員でアカハタ記者の巌名泰得《いわなやすのり》、クロポトキン全集を翻訳した能智修弥《のうちしゅうや》、中野重治の研究者で後に明治学院大学教授となる満田郁夫《みつたいくお》らであった。こうした人々の名をあげるだけでも、民主主義を守る会の思想傾向がうかがえよう。しかし総人数は約八〇人で、香里ヶ丘文化会議や多摩平声なき声の会よりも多かった（前掲

「団地の人間関係学」)。

民主主義を守る会では、規約にあたる「会の約束」をつくっている(『ひろば』六一年一月三十一日)。会の約束は、全部で五カ条からなる簡単なものであったが、「責任のある民主政治」を確立すべく、「国内や国外の政治や社会の動きについての学習を進め」、「国、都、町の政治に地域の人たちと共に私たちの意志を反映させるために活動」をすることなどがうたわれていた。会費は月に三十円であった。

さらに、民主主義を守る会では、団地全体を四つのブロックに分け、各ブロックの運営委員を決めている。ブロックごとの会議や運営委員会のほか、会員全体を対象とする映画会や講演会、研究集会などが頻繁に開かれ、原水禁世界大会にも参加した。香里団地や多摩平団地とは異なり、ひばりヶ丘団地では自治会ができる前に、このような組織が積極的に活動したことに注目しなければならないだろう。

**親睦会の発足**

ひばりヶ丘民主主義を守る会やひばりヶ丘市民会議のほかにも、ひばりヶ丘団地では「ひばりヶ丘保育の会」や「ひばりヶ丘団地主婦の会」ができた。

ひばりヶ丘団地主婦の会は、一年で会員が五〇四人に膨れ上がったものの、六二年三月に解散している。代表でデザイナーの成瀬瑛子は、六三年に久留米町の町議選に日本社会党から立候補しているので、その準備のためあらかじめ解散したのかもしれない（『久留米町広報』六三年五月一日）。一方、ひばりヶ丘保育の会は、活字印刷の『ひばりヶ丘保育しんぶん』を発刊し、団地内の個人宅に幼児を預ける共同保育を始めるとともに、保育所の設置を地元自治体に認めさせるための活動を始めている。

保育の会や主婦の会に遅れること二カ月、五九年十一月には、「ひばりヶ丘団地親睦会」が発足している。親睦会は会報『ひばり』を活字印刷で発行したが、西武バスや名店街の広告を掲載し、西暦でなく元号を用いた。自治会でなく、親睦会と名乗っているところが、この組織の保守的な体質をあらわしていた。

皇太子夫妻がひばりヶ丘団地を訪れたのは、この翌年であった。皇太子夫妻が見学したのは、団地だけでなく、団地の名店街に隣接して五九年四月に開店した西武ストアーも含まれていた。西武ストアーは西武百貨店の一〇〇％の子会社で、ひばりヶ丘店は団地住民の便宜を図るべく、公団が開店を要請した。

同店では、西武百貨店店長の堤清二と三島彰の発想で、ジョンソン基地（現・航空自衛隊入間基地）ＰＸ（米軍専用売店）をまね、初めてセルフセレクション、セルフサービス方式を取り入れ、商品を袋につめるサッカー（商品の袋詰め）と代金の計算を行うキャッシャー（レジ打ち）を分離させた（由井常彦編『セゾンの歴史』上巻、リブロポート、一九九一年）。この点では確かに、団地とアメリカは結び付いていたともいえよう。

親睦会では、次のようなビラを出している。

当日、両殿下を歓迎されたい団地の方は、六十才以下の方はマーケット前広場で、また六十才以上の御老人と、お子様は南集会所前に席が設けられることになっていますが、整然とお迎えして、両殿下が快く御見学されるよう皆さんで協力したいものです。

このため、親睦会では、公団当局の要請で当日五十名以上の整理員を出す予定です。(「皇太子、美智子妃殿下、六日団地を御視察　お迎えは整然と、秩序正しく」発行日不明)

マーケットは西武ストアーを意味する。別に訪問に反対しているわけではなく、親睦会でも協力を明らかにはしているものの、「歓迎されたい団地の方」はすればよい、歓迎したくなければしなくてもよいという考え方がうかがえよう。だが、皇太子夫妻の訪問がひばりヶ丘団地を一躍全国的に有名にしたのは間違いなかった。

**親睦会から自治会へ**

六一年五月、ようやく親睦会が正式に自治会になった。親睦会との違いを明確にしようと、自治会は住民に対して、「文字どおり全居住者のための自治組織にするため、一人残らず会員になって下さい」と呼びかけた(『ひばり』六一年六月十八日)。

ひばりヶ丘民主主義を守る会は、「自治会民主化」と称して自治会役員に会員を送り込み、能智修弥が副会長、不破哲三が広報部兼自治協常任委員となった（同）。不破が自治会と名のつく組織の役員になったのは、東大理学部の自治会副委員長としてストライキを実行し、無期停学（実際には一年で解除）となった一九五〇年以来のことであったろう（前掲『不破哲三　時代の証言』）。

親睦会が自治会になると、『ひばり』は自治会広報部が発行する新聞となり、元号表記から西暦表記に変わった。九月には、宮鍋幟、山村ふさ、満田郁夫が、自治会の運営委員になっている（『ひばり』六一年九月二十六日）。

ここには、民主主義を守る会がいわば前衛として、「遅れた」自治会を指導するという考え方がある。多摩平声なき声の会ができても、自治会の運動を後援するだけにとどまった多摩平団地とは、この点が全く違っていた。

自治会の役員は婦人対策部の二人を除いて男性だったが、保育の会や主婦の会は女性が主体であった。同年八月、第七回日本母親大会に保育の会から一〇人近くが参加し、「保育所づくりの分科会」に出席した。翌月、北集会所で自治会婦人部、守る会、保育の会共催の第一回「ひばりヶ丘母親の集い」が開かれ、三〇人あまりの主婦が参加して日本母親大会の報告がなされた。同年十一月には団地文化祭が開かれ、久留米町の団地と同じ住所にあたる大字南沢（現・学園町）に住む羽仁五郎の妻、説子が、「団地の子どもの成長をめぐって」と題して講演している。

## ポリオ流行と保育所開園

このような主婦を中心とする活動を促した背景に、六〇年から六一年にかけてのポリオ（小児マヒ）の大流行があった。

出生率が高く、乳幼児の多かったひばりヶ丘団地の主婦にとって、ポリオはまさに重大な脅威であった。厚生省は当初、安全性が確認されないとしてソ連からの生ワクチンの輸入を認めなかったが、ひばりヶ丘団地では市民会議、民主主義を守る会、保育の会が生ワクチンの輸入を求め、「子供を小児マヒから守りましょう」の集いを開くとともに、保谷、久留米、田無の三町町議会に生ワクチンを請願した。六一年二月には、団地北集会所で「子供を小児マヒから守る三町協議会」が開かれている。

こうした活動の背景には、ソ連は社会主義国であるがゆえに資本主義国よりも進んでいるという確信があったと思われる。実際にソ連では、一九五七年から生ワクチンの量産が開始され、ソ連や東欧では一億人の規模で接種されて予防効果が顕著に上がっていた（30年のあゆみ編集委員会編『30年のあゆみ』、日本ポリオ研究所、一九九九年）。厚生省がソ連とカナダから「生ワクチン約千三百万人分」の緊急輸入を認めたのは、六一年六月であった。

保育の会は、共同保育を行いながら、団地のある保谷、久留米、田無三町共立の保育所を求めた。しかし、求めに応じたのは保谷町だけであった（斎藤健一「団地のなかの保育運動」一、二、『月刊社会教育』六一年七・八月号所収）。六二年一月、ひばりヶ丘団地に、保谷町立そよかぜ保育園が開園した。これは前述した枚方市立香里団地保育所の開園より半年、日野町立多摩平保育所の開園より九カ月も早く、全国の団地で初めての公立保育園であった。前年九月の皇太子夫妻の訪問に続いて、ひばりヶ丘団地はまたしても全国的な注目を浴びたのである。

**西武運賃値上げ反対運動**

六〇年十二月、西武鉄道は、ほかの大手私鉄各社と足並みをそろえて、一〇%以上の運賃値上げを運輸省に申請した。国鉄運賃が値上げされたばかりだったため、運輸大臣の木暮武太夫《こぐれぶだゆう》が便乗値上げは許さないとしたが、六一年五月には、私鉄経営者協会が総会で運賃の一斉値上げを決議し、西武も値上げ案を作成した。

値上げ決議が発覚すると、西武沿線の住民は直ちに反対運動を起こした。その運動を組織化したのは、中練馬市民のつどい、民主主義を守る石神井の会といった、六〇年安保闘争のときに生まれた居住地組織であった。

このうち、民主主義を守る石神井の会は、むさし野線市民の会にも加わった坂本義和を代表世話人としていたが、六一年二月に坂本ら一二名（うち六名が大学教員）が退会声明を発表し、共産党系の組織へと変質した。もっとも坂本は、これを市民運動の後退とは見なさず、「自分の党派性を自覚し確立することが市民の義務であり、またその党派性を明確に表現するのが市民の権利だという立場」として評価している（『日本読書新聞』六一年四月二十四日）。無党派にこだわらず、「党派えようか。

市民運動」の可能性にかけるところが、中央線とは異なる西武沿線の政治風土を反映しているとい

六一年七月に開かれた「西武鉄道運賃値上げ反対こんだん会」には、西武沿線の三十四団体、五〇名の代表が集まった。そのなかにはひばりヶ丘団地の自治会が含まれており、ひばりヶ丘民主主義を守る会も協力する姿勢を見せた。

全団体の合意により、「西武運賃値上げ反対連絡会」が結成された。座長は、中練馬市民のつどい会長で、東京都立大学（現・首都大学東京）教授の阿部行蔵《こうぞう》（後の立川市長）であった。阿部が運輸大臣に提出した質問書には、次のような一節がある。

西武鉄道の場合、電車、バスのほか、デパート、ホテル、遊園地、不動産、広告業等を直営または間接に経営して、多大の収益をあげています。このような総合企業においては、個々の企業（たとえば鉄道やバス）をきりはなして、それだけの経営改善のために値上げをおこなうことは近代企業の常識に反すると思われますがいかがでしょうか。（『西武運賃値上げ反対連絡会ニュース』六一年八月一日）

西武鉄道は、六〇年度下期だけで七億千百万円もの鉄道営業利益をあげ、グループ全体の純利益も七億四千五百万円にのぼっていた。借り入れ金の利子を払っても、西武は六〇年度の一年間に九

億六千万円の利益を上げていた。鉄道営業利益は、東急の一・四倍、京浜急行の二・一倍、東武の三・九倍であり、純利益は東急の一・五倍、京浜急行の三・四倍、東武の二・二倍であった（「西武沿線にひろがる運賃値上げ反対の市民運動」、『地方自治資料』一五二号、六一年所収）。

このような多額の利益は、西武鉄道の親会社で、西武グループの本体というべき国土計画興業（もとの箱根土地株式会社。後のコクド。現在は解散）をはじめ、西武鉄道、西武百貨店、西武自動車、西武運輸、西武建設などが一体となり、堤康次郎のもとで「東京西郊一帯を独占的に支配する一大コンツェルン」（同）となったからこそ可能だったのだ。

**実感される窮乏化理論**

六一年八月五日、大手私鉄十四社は、東京、名古屋、大阪、福岡の各陸運局に対して、平均一五％の運賃値上げを申請した。八月十七日、運輸大臣は運輸審議会に値上げを諮問する旨を官報に掲載した。運輸省設置法により、官報掲載から二週間以内に利害関係者から異議申請が出された場合、公聴会を開かなければならなかった。

八月二十一日、西武運賃値上げ反対連絡会の第二回総会が開かれ、九十八の団体が参加した。総会では、沿線で一〇万人の反対署名を集めること、公聴会開催要求を参加団体別に運輸審議会に出すこと、「西武運賃値上げ反対大行進」を行うことなどが決められた（『ひばり』六一年八月二十七日）。この結果、ひばりヶ丘団地でも自治会と民主主義を守る会が協力して署名活動を始め、八月二十七日から二十九日にかけて、一七〇〇人分の署名と千百二十円のカンパが集まった（『守る会ニュース』六一年八月三十日）。

九月十四日から十六日にかけて、運輸審議会は公聴会を開催した。自治会と民主主義を守る会からも婦人部の石垣千代と能智修弥が参加し、「西武および政府の資料によって調査しても、会社の赤字ということはみとめられない、会社は半期四億以上の利益をあげている」と述べている（『ひばり』六一年九月二十六日）。

九月二十四日の日曜日には、大泉学園から池袋までの一二・五キロを、のべ約一〇〇〇人が行進する「西武運賃値上げ反対大行進」が行われた。

> 一駅区間づつ《ママ》のリレー式という新方法は、子供づれのお母さんからお年寄り、民青の若者たちあるいは全逓や教組の労働者などあらゆる層を含め、ひばりヶ丘団地からも数名が参加しました。
>
> 九時半大泉を出発した行進は、「西武値上げ反対」「物価値上げ反対」「お買物は地元の商店街で」などと沿道の人たちに呼びかけ、途中で湯茶の接待をうけたり、沿線のコーラスサークルの人が作った値上げ反対のうたの大合唱をしながらあるきました。（同）

ここでいう民青とは日本共産党系の全国組織である日本民主青年同盟を、全逓とは郵政省の労働組合である全逓信従業員組合（現・日本郵政グループ労働組合）を、教組とは教員・学校職員による労働組合の連合体である日本教職員組合を、それぞれ指している。

西武運賃値上げ反対運動は、ひばりヶ丘団地では西武ストアーや池袋の西武百貨店の不買運動へと発展した。同時代の多摩平団地はもちろん、時期を同じくして運賃値上げを申請した京阪電鉄の沿線にあった香里団地でも、こうした運動は起こらなかった。六〇年安保闘争以来の反米＝反堤＝反西武的空気に加えて、労働者階級や勤労人民が大資本に搾取されてどんどん貧しくなるというマルクス経済学の窮乏化理論が、西武沿線でとりわけリアルに実感されたことが、沿線住民の反対運動を盛り上げた要因だったように思われる。

では、西武鉄道側では、この運動をどう見ていたのだろうか。西武鉄道従業員組合の機関紙『西友』を編集発行する太田祐道は、「今回の値上〔げ〕に西武沿線に住む進歩的と言う一部のグループの人々により指導されている当社の値上〔げ〕反対運動の理由が新聞などで報道されているのみであるかどうかは別として之《これ》に全面的協力、活発な動〔き〕をみせているのが共産党員などである。それからみてこの運動が一般の利用者による自発的なものでないように思われる」と述べている（『西友』六一年九月三十日）。値上げ反対運動は「一般の利用者」が起こしたのではなく、「進歩的と言う一部のグループ」と共産党員によるものだというのだ。

しかし、予想をはるかに超える反対運動に直面した運輸大臣の斎藤昇は、公聴会での住民の声にも配慮しつつ、私鉄運賃の値上げ認可を見送った。値上げが認可されたのは、申請から一年以上がたち、運輸大臣が綾部健太郎に交代した後の、六二年十月十九日のことであった。

## 西武ストアーとことぶき食品

当然、西武グループに属する西武ストアーの評判は悪かった。「魚・野菜部はあれでも商売しているつもりなのかとあきれるほど、品質やサービスが悪い。百貨店の強味を生かして、思いきって衣料品（和装も含め）を充実してもらいたい。大体西武がしつかりしていないから名店街にも客がよらない。少数だが店員同志《ママ》のおしやべりが多くて不愉快。特に子供客は相手にさえしてもらえず、おつかいをいやがる」（『ひばり』六一年十二月二十四日）。

堤清二の戦略は完全に裏目に出た。団地＝アメリカではなかったのである。団地住民は、車で来て一度に大量に品物を買うアメリカのスーパーとは全く異なる買い物をしたため、西武ストアーは赤字続きであった。『週刊新潮』六二年一月二十九日号では、石垣千代が団地住民の「合理的な買い物」につき、こう述べている。

> 買い物なんかが細かいって、それは、今の若い人が、見えじゃなく地についた生活しているっていうことなんですね。キャベツ二枚、三枚って買い方は、どこからくるんだなんていわれるかも知れないけど、予算からいくとそうなっちゃうんですよ。予算ていうものを立てて計画的な食生活を考えて、一日一日家計簿見ながらやってってごらんなさいよ。たとえば食費として

月二万円見ることができるとするでしょ。一日六百六十六円じゃない。それを破っちゃったら計画立てたことがなんにもならないのよ。だから必ず守ることにするでしょ。そうしたら、きょうはソーセージの分、二枚以上は出せないっていうことが起こるわけよ。

このような買い物を団地住民が徹底させれば、閉店に追い込まれる店が出てくるのも当然であった。前掲『週刊新潮』には、「貸店舗」の紙が張られ、「店じまいした食料品店」と脚注のついた写真も掲載されていた。

この写真を見て、逆に「よし、ここだ！」と膝をたたいた人たちがいた。茅野《ちの》亮《たすく》、横川端《ただし》、横川竟《きわむ》、横川紀夫の四人の兄弟である。六二年四月四日、乾物を扱う有限会社「ことぶき食品」が、団地北側商店会の一角にひばりヶ丘店を開店させた。ことぶき食品は後にひばりヶ丘を創業の地と定め、ひばりの英語である「すかいらーく」に改称する。

ことぶき食品では、団地住民の消費志向に合わせて、パック商品を創案した。なかでも力を入れたのが、乳幼児の離乳食用のしらす干しであった。塩分が少なく、築地市場でも最高級のものを他店と同じ値段とし、分量を乳幼児向きの一回分、他店の五分の一とした十円のパック商品を目玉にした。「いつも新鮮、いつも親切」をキャッチフレーズとし、乾物は毎日、すべて築地市場から仕入れるという徹底ぶりであった（『いらっしゃいませ――すかいらーく25年のあゆみ』、すかいらーく、一九八七年）。

宣伝効果もあり、開店当日はどっと客が詰めかけた。売り上げは、初日だけで五十万円台に達した。ことぶき食品は六三年には東伏見店、六四年には秋津店、六五年には清瀬店と、西武沿線にチェーン店を展開するとともに、食料品を総合的に扱うスーパーへと発展した。「昭和四十一年から四十五年までは、ことぶき食品の本部は西武新宿線花小金井駅近くの市場のそばにあった」(同)。このまま順調に営業していけば、西武沿線の代表的なスーパーとして住民に認められる日もそう遠くはなかったかもしれない。

ところが、六五年二月には、ひばりヶ丘団地自治会の有志によって始まった牛乳の共同購入を機に、ひばりヶ丘生協が設立された。生協は団地商店街の洋服屋の二階に出店し、初年度から大幅な赤字を出しながらも、全酪(全国酪農業協同組合連合会)などの協力と業務上の努力で値上げを抑制し、六九年夏には一日に一八〇ccの牛乳を七〇〇〇本近くも供給した(『東京の生協運動史』、東京都生活協同組合連合会、一九八三年)。

ことぶき食品にとって、生協以上に強敵となったのが、西武ストアーをより大衆化したスーパー、西友であった。六七年に開店した国分寺店は、西友が出店してくると、一日の売り上げが八十万円から三十万円台に激減した。

西友との競争に敗れたことぶき食品は、七〇年、アメリカに模範をあおぐロードサイドの外食産業へと転換を図った。アメリカに模範をあおいだ点ではかつての西武ストアーと共通していたが、ことぶき食品は団地＝アメリカでなく、道路＝アメリカという視点をとったわけである。この視点が当たって「すかいらーく」へと発展してゆくのはよく知られていよう。

### 地域政治に関心をもたない団地住民

六二年になると、民主主義を守る会の活動は、自治会や六一年十月にできた「教師の会」が肩代わりするようになり、存続が難しくなった。「選挙や政暴法〔政治的暴力行為防止法〕など政治的な問題をとりあげていくという点では変りはないとしても、地域居住者の巾広い要求をとりあげて、それを安保体制打破の斗いの一環として組織していくという課題にどうこたえていくべきだろうか」(『守る会ニュース』六二年九月二十二日)という会員の声は、六〇年安保闘争の記憶が早くも薄らぐなかで、「安保体制打破」という政治的目標を掲げ続けることの難しさを物語っていた。

だが、この年には第三次世界大戦の勃発すら危ぶまれる米ソの対立が先鋭化した。いわゆるキューバ危機である。民主主義を守る会はこの危機に鋭く反応し、「共同の敵、アメリカの帝国主義打倒、キューバ革命の前進萬歳、キューバ人民と日本人民の友情と連帯萬歳」をキューバ国民に向かって呼びかけた(同、六二年十二月一日)。

こうした国際問題への反応とは対照的に、民主主義を守る会の地域政治に対する関心は低かった。もっともこれは、民主主義を守る会に限ったことではなく、ひばりヶ丘団地住民全体にある程度共通していた。「団地居住者の場合――保谷町にすむ人々の場合はそうでもないようですが――一般的にいって地方自治体との結びつきが弱く、会員自身が地方政治に殆《ほと》んど関心を払っていないというのが現状のようです」(同、六二年九月二十二日)。これはひばりヶ丘団地が保谷、久留米、田無の三町にまたがっていて、特定の町の住民というよりはむしろ団地住民としてのアイデンティティのほうが強かったことに一因があろうが、中央線沿線の政治文化から影響を受け、日野町(市)政と徹底的に対峙した多摩平団地自治会とは対照的であった。

六二年十一月十八日の総会で、民主主義を守る会は問題別部会を発足させた。部会は「健康と生活部会」「地方自治体研究部会」「平和問題部会」「教育問題部会」に分かれ、地方自治体研究部会では関心が低かった地域政治につき、集中的に話し合われることになった(同、六二年十二月一日)。しかし、これ以降の民主主義を守る会の具体的活動は不明である。なお不破哲三は、六三年に上田耕一郎とともに「現代トロツキズム」や構造改革派、あるいは鶴見俊輔ら『思想の科学』グループに対する批判を『マルクス主義と現代イデオロギー』(大月書店)にまとめ、六四年三月からは上田とともに共産党本部に勤めるようになる。

前掲「東京近郊団地家族の生活史と社会参加」によると、六五年八月の時点で、民主主義を守る会はなお存続している。「集団の規模が50人を超えるのは、友の会・新日本婦人の会の支部となっているもの、および、自らの手でつくった『民主主義を守る会』の三つで、規模の大きいものが比較的多いということになる」。つまり民主主義を守る会は、発足当初よりは人数が減少したとしても、なお五〇人を超えるメンバーがいたわけだ。

友の会というのは、一九三〇年に羽仁もと子の思想に賛同した女性たちによって生まれた団体

「全国友の会」のひばりヶ丘支部を指している。ここには、団地が自由学園に近いという地理的事情が関係している。新日本婦人の会の支部というのは、六二年に結成された同会の田無・保谷・久留米三町合同支部、あるいはそこから分かれた田無、保谷、久留米各支部のことであろう。不破哲三の妻である上田七加子が、久留米支部長になっている（『道ひとすじ』、中央公論新社、二〇一二年）。

新日本婦人の会の支部ができることで、前述した田無民主婦人会は解散に追い込まれている（前掲『田無市史』第二巻近代・現代史料編）。羽仁もと子の娘の羽仁説子は新日本婦人の会代表委員になっており、ここにも自由学園との関係がうかがえる。

新日本婦人の会は、団地内に絵画サークルをつくり、三〇人以上が入っていた。このなかから、やがて自治会の役員が選ばれることになる。

全国友の会と新日本婦人の会は、いまでも存在する。一方、民主主義を守る会はもう存在しない。この会がいつなくなったのかはわかっていない。

### 団地住民、町議や市議となる

六三年の統一地方選挙で、保谷町議選では団地から二人が立候補したものの、いずれも落選している。一方、久留米町議選では、自治会会長の長山猪重、元主婦の会代表の成瀬瑛子が初当選を果たした（『久留米町広報』六三年五月一日）。

長山は無所属で、成瀬は日本社会党から立候補して当選したが、同じく無所属となった。このときの統一地方選挙では、町村議会の全当選者に占める女性の割合が、わずか〇・六％にすぎなかった（『全地方議会女性議員の現状』、市川房枝記念会出版部、二〇〇三年）。

元警察署長だった長山が取り組んだのは、小学校の建設であった。当時、ひばりヶ丘団地には保谷町立中原小学校しかなく、久留米町と田無町の団地児童は越境通学していた。ところが、保谷町の区域の児童数が増えるにしたがい、保谷町は団地全域の児童の入学に難色を示したため、久留米町で小学校建設の必要が生じたのである。小学校建設を唱える母親たちの支持により当選した長山は、六四年に久留米町立第五小学校（現・東久留米市立第五小学校）を開校させた（『ひばりヶ丘自治会40周年記念』、ひばりヶ丘団地自治会、二〇〇一年）。これに伴い、二〇〇人の児童が中原小学校から転入している。

六七年の統一地方選挙では、保谷市議選で団地在住の田中浜一が日本社会党から立候補し、初当選を果たした（『市議会報保谷』六七年五月二十五日）。また久留米町議選では、高橋守一が日本共産党から立候補し、団地在住の候補者のなかでトップ当選した。ほかに大原歌子が日本社会党から立候補して当選し、長山猪重も最下位ながら再選された。一方、成瀬瑛子は落選している（『選挙の記録』、東久留米市選挙管理委員会、一九八六年）。

香里ヶ丘文化会議の諸田達男が枚方市議選に共産党から立候補したように、民主主義を守る会のメンバーが保谷町（市）議選や久留米町議選に立候補することはなかった。しかし、六九年の衆議院議員総選挙では、ひばりヶ丘団地から墨田区に引っ越した不破哲三が共産党公認で東京6区から立候補し、初当選を果たしている。また七四年の参議院議員選挙では、矢田部理が社会党公認で出身地の茨城選挙区から立候補し、初当選した。

不破も矢田部も、それぞれの党を代表する論客となるのは周知の通りだが、市議選や町議選ではなく、国政選挙に出馬したのは、前述のような地域政治に対する関心の低い民主主義を守る会の特徴をよく表しているといえるかもしれない。

### 共産党、社会党に占拠される自治会

一九六八年度の自治会役員を見ると、高橋守一は副会長、大原歌子と田中浜一は常任委員になっている。ひばりヶ丘団地では、特定の政党に属する市議や町議がそのまま自治会役員を兼ねていたという点で多摩平団地と共通する一方、枚方市議となった自治会会長が会長職を退いた香里団地とは違っていた。また「婦人を中心とする自治会にする」という方針のもと、事務局長に新日本婦人の会田無支部の生田功子が選ばれた。生田は、初めての女性事務局長であった(『ひばり』六八年四月二十七日)。

このころ、自治会総会で「自治会は政治的に偏向していると思っている人が多い」という発言があったのを機に、「自治会と政党との関係」について討論が交わされた。『ひばり』には、問答形式で自治会の立場が説明されている。

〈問〉自治会は特定の政党と関係があるんじゃないですか。

〈答〉ひばりヶ丘団地自治会は会として特定の政党と特定の関係をもったことは今まで一度もありませんし、これからももつべきではありません。

〈問〉自治会役員で特定の政治活動をしている人が多いんじゃないですか。

〈答〉多いか少ないかの判断は別として、自治会役員といえども国民の基本的権利として政治活動をする自由はもっていますから、どんどんやってかまわないのではないですか。問題は自己の政治活動のために自治会を利用することがあってはならないということです。

〈問〉しかし実際には利用している人がいるのではないですか。

〈答〉利用しようと思っている人がいるかどうかしりませんが、ここの自治会はそれを許さない伝統があります。たとえば会の規約にはありませんが、選挙に立候補しようとする人は事前に役職を止めてもらうという習慣さえあります。また会として特定候補者を応援したことは一度もありません。

〈問〉ある党に属する議員が自治会の役員になることは問題ではないですか。

〈答〉自治会役員は居住者なら誰でもなる資格があります。議員でも○○党員でも××党員でも、また○○党を支持する人もしない人も、それは各個人の自由であって、自治会そのものとは関係はありませんし、自治会会員の権利と義務はすべて平等です。

〈問〉現実にはいまの自治会がある政党に利用されていると思っている人がいますが。

〈答〉それは多分、役員の中に○○党が多いとか××党がいないとかの判断からそう思うのでしょうが、結論的にいうとそういう考え方の方が偏見といえます。(『ひばり』六八年四月二十七日)

たとえ市議選や町議選に立候補する前に役員を辞めても、当選して役員に復活することはできたわけである。自治会の役員に共産党や社会党の市議や町議が含まれていること自体は問題でなく、役員が「特定の政治活動」を行うのは、政治活動のために自治会を利用することがない限り、「どんどんやってかまわない」という。結局、〈問〉の疑念を払拭しているように見えながら、その疑念を追認するような〈答〉になっている。

副会長が共産党、事務局長が新日本婦人の会に所属する男性と女性によって占められたことは、ひばりヶ丘団地における共産党の影響力の大きさを物語っていた。

衆議院議員総選挙における久留米町の共産党得票率を見ると、五八年に三・四%だったのが、六〇年に六・八%、六三年に八・七%、六七年に一二・四%と急上昇し、六九年には二一・三%と、社会党の二四・六%に迫っている(前掲『昭和33年5月22日執行衆議院議員選挙の記録』『昭和35年11月20日執行衆議院議員総選挙の記録』『昭和38年11月21日執行衆議院議員総選挙の記録』『昭和42年1月29日執行衆議院議員総選挙の記録』『昭和44年12月27日執行衆議院議員総選挙の記録』より算定)。この間に久留米町では、六二年に東久留米団地(全戸賃貸、二二八〇戸、現・グリーンヒルズ東久留米)の、六八年に滝山団地(分譲二一二〇戸、賃貸一〇六〇戸、計三一八〇戸)の、六九年に公社久留米西団地

（全戸賃貸、一九四二戸）の入居がそれぞれ始まるなど、公団や公社の大団地の建設が相次いでいる。

## 繰り返される運賃値上げ反対運動

西武鉄道の運賃は、六二年十一月に値上げされてからも、六〇年代から七〇年代にかけて六五年一月、六八年十二月、七二年七月、七五年八月、七八年八月と値上げが申請され、六六年一月、七〇年十月、七四年七月、七五年十二月、七九年一月に値上げが実施されている（森谷英樹『私鉄運賃の研究』、日本経済評論社、一九九六年）。

ひばりヶ丘団地での西武運賃値上げ反対運動は、六一年以降も西武鉄道が運賃値上げを申請するたびに繰り返された。例えば、七〇年七月には、ひばりヶ丘団地自治会、滝山団地自治会など、西武沿線の十七団体が参加して「西武鉄道運賃値上げ反対実行委員会」が結成され、西武新宿線の高田馬場や花小金井の駅前で署名活動が行われた（『新婦人しんぶん』七〇年八月六日）。また七二年七月に値上げが申請されたことに対して、『ひばり』では次のような記事が掲載されている。

西武鉄道に対する不満の総ざらいをして同社を追求しない限り、オクメンもなく値上げを強行するでしょう。（『ひばり』七二年九月二十日）

西武鉄道は資本金七十二億、東京西郊から埼玉県にまたがる営業キロは百八十キロにおよび、とくに最近の新設団地などの住民にとっては、通勤・通学は西武鉄道、西武バス、買い物は西武デパート、西友ストア、子どもづれの行楽は西武の観光施設と、生活のほとんどすべてにわたって西武鉄道とその関連企業と深くむすびつけられています。（同、七二年十月二十日）毎日特定の日をもうけて、西武資本の系列にある全ての商店、商品、遊園地などの、不買、不利用運動を、向う一年間続けよう。（中略）西武資本は、表面はともかく、根っこはみんなつながっている一つ穴のむじなであることは、公然の事実です。（同、七二年十二月二十日）

七二年になっても、六一年のときと同じ論理が繰り返されているのがわかろう。同時代の香里団地では、公団の家賃値上げは問題になっても、京阪電鉄の運賃値上げはさほど問題になっていなかった。それどころか、自治会新聞では「冷房車を大幅増加　今夏は全部で96両に」（『香里団地新聞』七二年七月一日）、「京阪電車の新輸送力増強計画　土居―寝屋川信号所を高架複々線に開通後は50%の輸送力増」（同、七二年十一月一日）といった、快適な通勤や輸送力増強に向けての京阪の努力を称えるかのような見出しが目立っている。

## 西武沿線と東急沿線

関東私鉄の沿線住宅地のなかで、ひばりヶ丘団地など西武沿線に一見似ていたのは、東急グループが東急田園都市線沿線に開発した多摩田園都市ではなかったろうか。なぜなら、住民の通勤・通学は東急田園都市線や東急バス、買い物は東急百貨店本店・東横店や東光ストア（現・東急ストア）、東急フードセンター（後の東急バラエティストア）、行楽は二子玉川園（現在は廃止）や多摩川園（同）など東急の観光施設という具合に、やはり「生活のほとんどすべてにわたって東急とその関連企業と深くむすびつけられて」いたからである。

実際に、衆議院議員総選挙を前にした七二年十二月九日の『赤旗』には、「東急は、沿線にデパートを経営、スーパーを進出させ、東急建設、不動産による土地買い占め・投機、再開発と、利潤を追求、このため、買いもの、レジャー、住宅など、住民は、生活のすみずみまで東急の〝支配〟をうけ、東急とはなにかにつけて利害が相対立しています」という記事が掲げられた。

だが、この記事には間違いがある。多摩田園都市では、一戸建が多いうえに不動産まで東急ががっちりとおさえていた。したがって、たとえ西武と同時期に東急の運賃を値上げしても、もともと多摩田園都市に魅力を感じて引っ越してきた住民が多かったため、私鉄会社との関係が西武沿線ほど敵対関係にはならず、「なにかにつけて利害が相対立」するわけではなかったのだ。

多摩田園都市に位置する横浜市緑区（現・青葉区）しらとり台で刊行されていた当時のタウン紙『みどり新聞』を見ても、東京急行電鉄に対する不満はほとんど見られない。鉄道への不満は、緑区内を走り、東急田園都市線と長津田で接続しながら、依然として単線のままで輸送力増強が進まない国鉄の横浜線にもっぱら向けられている。

## 狭い団地と低い所得

ひばりヶ丘団地が輝いていた時代は、長くは続かなかった。『ひばり』六五年一月二十日に掲載された A 夫人、B 夫人、C 夫人の座談会では、「いったい、いつまでこの狭い空間で暮さなくちゃならないのかな」「団地も古くなってくると、外側もうすよごれたけれど、内側の生活の方が一足早くスラム化してくると思うわ」といった不満の声が目立つようになっている。前述のように、香里団地でも多田道太郎が2DKの狭さについて言及していたが、「スラム化」という言葉までは使っていなかった。

団地に隣接して西武ストアーやことぶき食品ができても、中央線沿線のように、駅前に喫茶店や映画館、古本屋などはなかなかできなかった。町が成熟しないうちに、団地のイメージが悪くなってしまったわけである。「モデル団地として皇太子夫婦を迎えた頃とくらべると、建物の外壁は黒ずみ、なんとなく公団長屋というイメージに変貌して来たようだ。／十年たった今では、こどもも二人乃至《ないし》三人と増え、それが成長して来ると共に、2DKではとても狭すぎるというのが大方の実情だろう」(『ひばり』六九年二月九日)。

同じ団地でも、六八~七〇年に完成した滝山団地には、3DKや3LDK、4Kの分譲が多かったため、ひばりヶ丘団地から滝山団地への転居が相次いだ。久留米町議で自治会常任委員だった大原歌子も、その一人であった。七〇年代になると、西武運賃値上げ反対運動の主力はひばりヶ丘団地から滝山団地に移っていった。いい換えれば、たとえひばりヶ丘団地が衰退局面に入っても、新たな団地が建設されることで運動が受け継がれていったのである。

ひばりヶ丘団地の人口は、六九年をピークに減り続けた。住民はしだいに高齢化し、年金生活者も増加した。ずっと団地に住んできた秋山駿は、七九年の時点でこう述べている。

この団地もいやに静かになったものだ。もう二十年住んでいるが、これほど静かになるとは思わなかった。子供達の甲高い声も聞こえない。みんな大人になってしまったからである。

あの一時期の熱気と活況、菊田均氏のいわゆる高度成長体験は、どこへといってしまったのだろう？　テレビを買い、ステレオを買い、ピアノを買い、それから応接セットと、自動車…。そこにさらに、団地ママというほかはない人達による団地生活の談義だとか、熱気のあった自治会活動なども付け加えておこう。ひところは、あちらの窓からもこちらの窓からも、うろ覚えの「エリーゼのために」などが三つも四つも響いてくるので、私はしごく閉口したものだが、いまとなればその熱気と活況に、いささかの懐しさを覚える。

あの熱気と活況は、どこへといってしまったのか――ピアノはなぜ鳴らぬのか？（「静かな日常の幻想」、『週刊読書人』七九年二月二十六日）

この翌年、自治会は会則を改めた。任意加入だったのを居住者全員を対象とする強制加入としたのである。それでも、「自治会は政党政派に偏している」「自治会は共産党だ」の声が消えることはなかった（『ひばり』八五年二月十五日）。

# 第四章●千葉——常盤平団地と高根台団地

## 4—1　公団と闘う——常盤平団地

### 新京成電鉄と常盤平団地

本章では、東京の東側に位置する千葉県に一九六〇年から六一年にかけて相次いで建設された二つの公団住宅、すなわち松戸市の常盤平団地と船橋市の高根台団地を取り上げる。この二つの団地は、いずれも総戸数四五〇〇戸を超える大規模団地で、下総台地にあり、松戸と京成津田沼を結ぶ新京成電鉄の沿線に位置している点でも共通する。

だが、常盤平団地には上田耕一郎という共産党きっての理論家が住みながら、自治会を主導できず、党勢を思うように拡大させることができなかったのに対して、高根台団地では新日本婦人の会がいち早く班をつくって自治会に進出し、光成秀子《みつなりひでこ》、竹中労といったユニークな経歴をもつ共産党員が相次いで自治会長となり、団地の住民運動をリードした点は明確に異なる。

京成電鉄が子会社の新京成電鉄を設立させたのは、一九四六年十月のことであった。陸軍の鉄道第二聯隊《れんたい》が敷いた演習線をベースに、曲がりすぎる経路を一部ショートカットして松戸—京成津田沼間の建設が進められ、五五年には全線開通した。

全線開通と同時に、現在の常盤平にあたる駅として、金ヶ作《かねがさく》駅が開業した。開業当初は無人駅であった。

同年に発足した日本住宅公団は、第一期事業として、大都市周辺部に十五カ所を選定した。その一つが金ヶ作地区で、五十一万二千二百十五坪という大規模なものであった。地権者との四年越しの紛糾の末、ようやく反対運動は終息に向かった。

新京成電鉄の沿線には、中央線の国立のような学園都市はもちろん、西武池袋線の大泉学園のような学園都市を開発しようとした町もなかった。もっぱら住宅開発に活路を見いだそうとした新京成と公団の関係は、西武と公団の関係以上に親密であった。

新京成電鉄は早い時期に公団から団地建設への協力要請を受けており、沿線に日本でも最大規模の大型団地が誕生することは願ってもないことである。計画戸数6000戸から単純に割り出しても、およそ3万人近い人口増になる計算だ。そこで新京成電鉄では積極的に社有地を提供し、用地買収にも全面的な協力体制で臨んだ。(『新京成電鉄五十年史』、新京成電鉄、一九九七年)

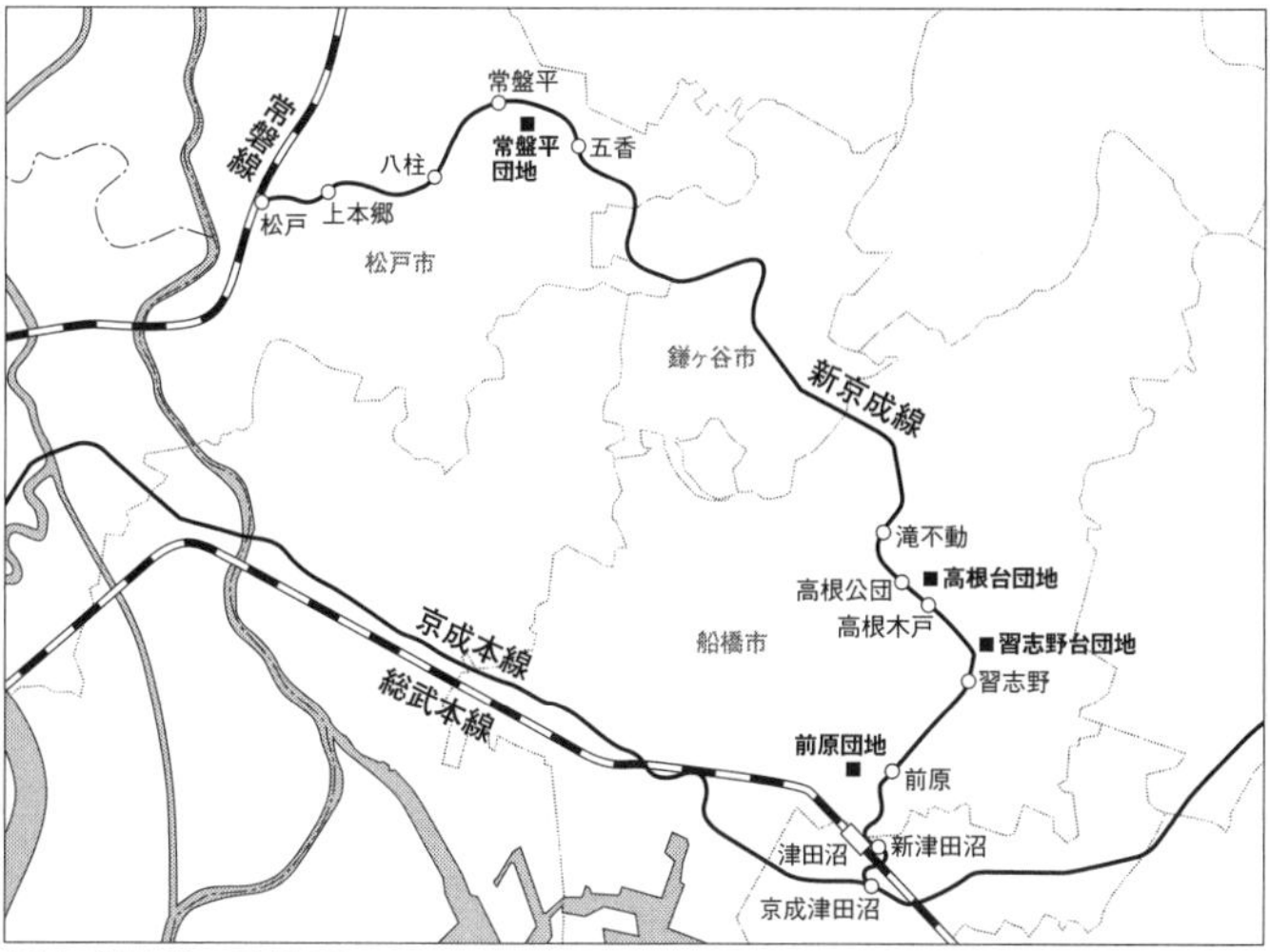

新京成電鉄の路線図

五九年十二月、松戸市が団地の名称を公募した。応募総数二二八通のなかから、新京成の社員、青木正次郎が命名した「常盤平」が採用された。六〇年二月、金ヶ作駅も常盤平と改称され、四月から入居が始まった。総戸数四八三九戸の入居が完了したのは六二年六月であった。住棟構成は四階建のフラットタイプが百六十六棟と圧倒的に多かったが、五階建のスターハウスも十棟あった。常盤平団地は自治会が建て替えを拒否しているため、いまではスターハウスがそっくり残る貴重な団地となっている。

## 団地の位置と家賃

ここで注意すべきは、常盤平団地への入居が始まった六〇年当時、東京の中心は現在よりも東側にあったことである。

このことは、戦前の市電を受け継いだ都電の路

1962年の都電の路線網

線網を見れば、一目瞭然である。その路線網は、一九三二年に周辺の郡を合併して大東京市ができる前の旧東京市の区域を反映しているため、山手線の西側よりも東側に大きく張り出している。新宿、池袋、渋谷付近の路線網は比較的スカスカなのに対して、東京、上野付近はいくつもの系統が集まり、込み合っている。

東京都庁は有楽町駅に隣接していたのに対して、現在都庁をはじめ高層ビルが建ち並ぶ新宿駅西口には、淀橋浄水場があるだけであった。五〇年代から六〇年代にかけて、国鉄の駅別の乗車人員を見ると、六四年度まではずっと東京駅がトップだったが、六五年度に池袋駅が東京駅を抜いてトップになり、さらに六六年度、新宿駅が池袋、東京両駅を抜いてトップに躍り出る（『数字でみた国鉄』、日本国有鉄道広報部、一九五八〜六七年）。これ以降、今日まで新宿駅はトップの座を一度も明け渡したことがない。

日本交通公社の『時刻表』五九年七月号によると、東京から常盤平までの所要時間は東京―上野間（山手線）、上野―松戸間（常磐線）、松戸―常盤平間（新京成線）あわせて四十四分であった（乗り換え時間を含まず）。一方、東京からひばりヶ丘までは、池袋まで山手線に乗り、池袋で西武池袋線の準急に乗り換えても、四十五分かかった。さらに、東京から多摩平団地のある豊田までは、中央線の急行（現・快速）でも一時間七分かかっていた。

非大手私鉄であった新京成の車両は、西武や国鉄よりもはるかに古く、設備の近代化が遅れていた。しかし東京駅からの所要時間だけを単純に比較すると、東京都に属するひばりヶ丘団地や多摩平団地よりも、千葉県に属する常盤平団地のほうが近かった。当時、常盤平団地のある松戸や高根台団地のある船橋はすでに市制を施行していたのに対して、ひばりヶ丘団地のある保谷、久留米、田無は北多摩郡に、多摩平団地のある日野は南多摩郡に属していた。

「日本住宅公団関東地区賃貸住宅建設実績一覧」（『公団の住宅』七六号、一九六四年所収）をもとに、同じ十三坪台の四階建中層フラット型２ＤＫで家賃を比較してみると、多摩平は五千五百円、ひばりヶ丘は五千六百五十円であったのに対して、常盤平は五千三百五十〜五千九百円となっている。

常盤平団地のスターハウス群。公団初期につくられた棟がそっくり現存している。2010年撮影（写真提供／毎日新聞社）

つまり、ほぼ同じか、若干高いくらいなのだ。今日、首都圏の住宅地に見られる地価や家賃の「東西格差」は、少なくともこの時点ではまだはっきりと現れてはいなかったのである。

### 常盤平市民の会の発足

常盤平団地で最も早く生まれた居住者組織は、保育の会でも自治会でもなく、「常盤平市民の会」であった。

団地への入居が始まって四カ月がたった六〇年八月、「市民生活向上のための共通問題についてまず語り合い、物事を正しく判断して、よい事ならば皆で協力して実行する」（『常盤平新聞』六一年四月三日）という趣旨のもと、「松戸市民の会」が発足した。その常盤平支部として、同年十一月には常盤平市民の会が発足している。

会長となったのは、東京教育大学附属高校（現・筑波大学附属高校）教諭の中沢謙四郎で、会員は約二〇人いた。初会合のテーマが「団地の生活と子供を語る」であったことからもわかるように、安保闘争に直接言及したわけではなかったが、八月十五日には終戦記念の集いを開催し、平和への誓いを新たにするなど、政治に対する関心はもち続けた。

会員の一人に、中野区の野方から、団地のE街区に転居してきた上田耕一郎がいた。上田は不破哲三の兄で、東大時代から日本共産党に入党し、大学卒業後は『中野新報』の記者として地域のオルグ活動に取り組んでいた。五六年から五七年にかけて、不破とともに『戦後革命論争史』上下（大月書店）を刊行して左派論壇にデビューし、党内でも頭角を現した。

上田耕一郎と不破哲三という、六〇年代の日本共産党を理論面で支えることになる兄弟は、二人とも公団の大団地に住んでいたわけである。E街区は常盤平駅よりも一つ隣の五香《ごこう》駅に近い五香地区に属しており、上田は五香地区の責任者となった。

**上田耕一郎［1927-2008］**（写真提供／共同通信社）

**『常盤平新聞』の創刊**

六一年三月、神田予備校（現在は廃止）の教務主任だった田中況二が、一家四人で『常盤平新聞』を創刊し、自治会の結成を呼びかけた。

私達一家も入居して半年過ぎると満足していた筈の団地の暮しに物足りなさを感じるようになつたのです。他の団地では自治会や親睦会が居住者の横のつながりを作つているそうですが、こゝにはその動きもないようでしたし、もしあつたとしても私達には知るすべもありませんでした。（『常盤平新聞』六一年三月八日）

同じ創刊号で、勧業銀行（現・みずほ銀行）丸ノ内支店につとめる妻のすみ子も、保育の会の結成を呼びかけている。

共稼ぎに続いて起る問題は赤ちゃんです。私も六月には初めてママになりますが、昼間安心して預けられる処がなくて困つています。駅前幼稚園は三才からですし、松戸市にも公団側にも乳児保育の計画はありません。（中略）個人保育でも持廻り保育でも、兎に角ベビイをみて呉れる方があつたら生みたいと云う方もおいでなのではないでしょうか。（同）

この田中夫妻の呼びかけをきっかけに、常盤平団地では保育の会と自治会の結成に向けて本格的に動き出した。

続く第二号で上田耕一郎は、常盤平市民の会を代表して、二月に新京成労組との懇談会を開いたことを述べた。「新京成の交通事情の改善にはやはり利用者側の運動と要求が大切と、市民の会では早速要求書を纏《まと》めて署名運動にとりかゝつています。特に複線化を五香までのばし、早く完成してもらうことが当面の要求の中心となるでしょう」（同、六一年四月三日）。その背景には、野方やひばりヶ丘を通る西武鉄道とは比較にならないほど劣悪な新京成電鉄の実態があった。具体的にいえば、全線が単線で、編成はたったの一両しかなく、車両は昭和初期製造の木製で、ドアはまだ手動、表示は右横書きであった。
市民の会は、会員数が約二〇人と少なく、独自のミニコミ紙を発行することができなかったうえ、まだ結成されていない自治会の役割を負わされており、ひばりヶ丘民主主義を守る会ほどの独自色をなかなか出せなかった。

**自治会発足**

常盤平市民の会に続いて、六一年五月には白水清子を初代会長とする「ときわ平保育の会」が発足した。白水は、保育の会ができた背景をこう説明している。

> 赤土の野原に忽然として現われた公団住宅！　そこには小児科病院や産院は勿論の事、電話もバスもなく、「歯が痛い」「産気づいた」「熱が出た」といっては、管理主任宅や牛乳屋さんの電話で急救《ママ》車を呼んでもらったり、病院へ運んでもらったりしたものです。買物も、中央商店街と常盤平駅の京成ストアー位で、衣服は市内や東京まで買いに出かけました。それに、陸の孤島とまで云われた、ないないづくしのこの環境に若い母親が多く、知人も相談相手もないまま、育児書と首引きで一喜一憂していました。又共働きの人は、保育所も預ける知人もなく、

こどもを産むか、どうするか、と切実に悩んでいました。（『あゆみ　保育の会創立一三周年幼児教室開設　十周年記念文集』、ときわ平保育の会、一九七四年）

保育の会の中心メンバーとなる峪二葉《さこふたば》は、「まだ自治会もできていませんでしたが、『保育の会』には1500人の会員が集まりました」（『松戸の戦後をかけぬけた女性たち』、まつど女性会議、二〇〇九年）と回想している。自治会に先立って保育の会が結成されるのは、不破哲三が住んでいたひばりヶ丘団地と共通していた。

同月には、自治会結成のための懇談会も開かれた。七月の準備会を経て、六二年三月には「通いよい団地」「便利な団地」「住みよい団地」「育てよい団地」「楽しい団地」という五つの活動目標をかかげ、自治会が正式に発足した。発足と同時に三〇〇〇戸以上が加入したため、自治会加入率はいきなり八〇％を超えた。

結成宣言には、次のような文章がある。

私達はこの〝常盤平〟をただ単に息する場、休む場にしたくない。文化的に豊かな、楽しく明るい生活の場にしたい。だがこうした願いは、あの白くつめたいコンクリートの壁にぬりこまれて、深く閉ざされた部屋は、人々の心をうつろなものにしてしまっている。（『ときわだいら』六二年六月二十五日）

コンクリートの壁を打破して「文化的に豊かな、楽しく明るい生活の場」をつくるという発想は、香里ヶ丘文化会議に通じるものがある。

同年六月には、月刊の自治会会報である『ときわだいら』が創刊された。『常盤平新聞』は西暦表記だったのに対して、『ときわだいら』は元号表記に改められ、発行部数は第五号で早くも五千五百部に達した。この部数は常盤平団地の総戸数よりも多く、団地ばかりかその周辺でも読まれていたことがうかがえる。

**男性主体の自治会**

常盤平団地自治会では、自治会に加入した団地住民を会員とし、代議員制をとった。すなわち、立候補制により六〇戸に一戸の割合で代議員を選び、代議員のなかから執行部にあたる役員（会長、副会長、執行委員、会計監査）を選ぶとともに、「代議員会は本会の最高の議決機関であり代議員をもつて構成する」とした（『ときわだいら』六二年六月二十五日）。これは常盤平団地の総戸数が多く、直接民主制は不可能と判断したためであった。

こうした代議員制は、戦後に各大学で結成された学生自治会に似ていた。なぜなら学生自治会でも、各クラスで選出された代議員（自治委員）が最高議決機関である代議員総会（学生大会）で議論し、多数決によって自治会執行部を選出したからである（荒岱介『新左翼とは何だったのか』、幻冬舎新書、二〇〇八年)。

もっとも、代議員に立候補する住民は決して多くなく、常に無投票当選という形になった。E地区に住む菅原直人は、「この大事な代議員改選に際して一般会員の無関心さには一驚を嘆ぜざるを得なかった。執行部のPRにも問題があるにせよ誰のために存在する自治会であるか、誰のために活動する役員なのかを会員みんながもっと理解を深め認識すべきではないだろうか」と述べている(『ときわだいら』六三年十一月二十五日)。

このため、六四年には一棟につき一名の代議員を推薦投票で選ぶ方式に改められ、さらに六五年からは一棟につき一名の代議員を各棟の階段会議(階段を共有する世帯からなる会議。例えば四階建フラットタイプの場合、八世帯となる)による推薦で選ぶ方式に改められた。それでも、六五年には代議員の決まらない号棟がいくつも出たため、補充選挙をやらなければならなかった(同、六四年八月二十五日、六五年十月二十五日、六六年一月一日)。

六二年七月には、新しい代議員七二人が選出された。そのなかには、E地区の16地区の代議員として、市民の会の上田耕一郎も含まれていた。

続いて同年九月に開かれた臨時代議員会で、会長、副会長、執行委員、会計監査の選挙が行われ、会長は初瀬簾平《れんぺい》、副会長は田中況二と佐々木みをが選ばれた。佐々木は婦人部長も兼ねており、女性の副会長がさっそく誕生したわけである。田中すみ子と峪二葉は執行委員となった。上田耕一郎はどの役職にも選ばれなかった。二八名の役員中、女性は八名であった(同、六二年十月二十五日)。

しかし、役員に占める女性の比率は、その後も上がらなかった。田中すみ子は、「現在の自治会活動は時間的にはどうしても男性向きで、家庭婦人は余程の意志と家庭内の協力がないと、参加できないようです」（同、六三年九月二十五日）と述べている。『ときわだいら』六八年一月一日に掲載された歴代の男性自治会長五人による「新春放談」では、「婦人の参加がとくに望まれ、役員にも出てもらいたい。男性の道楽とみられていたら大変だ」という声があがっている。

香里団地や多摩平団地、ひばりヶ丘団地、あるいは後述する高根台団地とは異なり、常盤平団地で新日本婦人の会が積極的な活動をしていた形跡は、少なくとも『ときわだいら』を見る限り、うかがうことができない。

## 最大の問題は交通問題

自治会の結成に先立ち、準備会が自治会活動の要望事項につきアンケート調査を実施したところ、最も多かったのは通勤対策であった。具体的には、松戸駅跨線橋《こせんきょう》の設置が二六二二戸と最も多く、新京成線対策が二四八〇戸でこれに次いでいた（同、六二年六月二十五日）。

昭和三十年代の新京成電鉄は、激増する輸送人員に輸送力の増強が追いつかず、「昭和34年、上本郷―松戸間の通勤ラッシュの混雑率は158％だったが、常盤平団地がオープンした翌35年には216％に、さらに入居が進んだ翌36年にはなんと301％という凄まじい状態となった」（前掲『新京成電鉄五十年史』）。遅延や事故も続発していて、ラッシュ時には窓ガラスが破損して怪我人も出る有様であった。

六一年六月、新京成電鉄は車両のドアをようやく手動式から自動式に改造したのに続いて、九月には松戸―八柱《やばしら》間を複線化し、ラッシュ時には二両編成の電車が六分間隔で走るようになった。それでも混雑はおさまらず、「朝電車の窓ガラスが破損し怪我人も出ているので運転間隔を狭める様交渉」(『常盤平団地自治会号外』六二年六月二十三日)したという。

六〇年十二月には、大手私鉄各社が一〇%以上の運賃値上げを運輸省に申請し、六一年五月には西武鉄道も値上げ案を作成したのに伴い、ひばりヶ丘団地では運賃値上げ反対運動が起こった。しかし、非大手私鉄の新京成電鉄では、値上げ反対を叫ぶ以前に、大手私鉄ならば到底あり得ないような、車両や設備の近代化に向けての課題が山積していた。例えば六三年になってもまだ、「松戸」でなく「戸松」と読めるような右横書き表示の車両が走っていたという(『ときわだいら』六三年五月二十五日)。

団地住民の間では、「せめて都内私鉄なみの電車を走らせてからなら話もわかるが、設備も駅務員の訓練もなっていない」(同、六三年一月二十五日)という声が高まっていた。男性主体の自治会にとって、通勤で毎日利用する鉄道は最大の関心事であった。

## 都心につながらない新京成電鉄

さらに住民にとって頭が痛かったのは、新京成だけでは都心に出ることができず、松戸でいったん降りて国鉄常磐線に乗り換えなければならないことであった。

前述のように、新京成電鉄は松戸と京成津田沼の間を結んでいて、常盤平団地の住民が都心に出るには松戸方面の電車に乗るほうが近かったのに対して、高根台団地の住民が都心に出るには津田沼方面の電車に乗って新津田沼で降り、津田沼まで歩いて国鉄総武本線に乗り換えるほうが近かった。同じ沿線に住みながら、常盤平団地の住民が津田沼方面に行くことや、高根台団地の住民が松戸方面に行くことはあまりなかったわけだ。同じ首都圏でも、東京西部の中央線沿線や西武沿線のように、行政区分を越えた沿線住民意識が育たず、双方の団地自治会間の交流が活発でなかったゆえんである。

六二年五月三日に常磐線の三河島駅構内で発生した三河島事故では、常盤平団地の住民三人が犠牲になった。その一週間後、松戸市公民館で常磐線利用者の会が結成された。団地住民は、「国電の事故なら常磐線」(同、六三年二月二十五日)と陰口をたたかれた常磐線の改善も合わせて要求する。その結果、同年十二月には、団地住民の要望が最も強かった松戸駅跨線橋の建設が始まった。

同月、新京成電鉄が運賃値上げを発表すると、値上げ反対に向けて沿線の団地の結束がようやく生まれるようになる。六三年一月、常盤平団地、高根台団地に加えて、新津田沼駅の近くに建てられた前原《まえばら》団地(総戸数一四二八戸、全戸賃貸)の三団地の自治会代表が、新京成と交渉するとともに、三団地自治会が沿線利用者共闘会議を結成した。同年二月、値上げは実施されたものの、共闘会議の活動は続けられた。

## 峪二葉、松戸市議となる

松戸市議選を控えた六二年十月二十日、常盤平市民の会は現職の市議を呼び、「市政をきく会」を中央集会所で開いた。四人の市議が出席したが、「出席議員も認めたとおり、この種の催しは松戸では始《ママ》めてだそうで、当日も五十名の出席居住者から、教育予算のいちじるしく少ないこと、交通対策の貧困、市移管後の水道問題、さらに市議会の低調などについて鋭い批判を浴びせられてたじたじの有様」（同、六二年十月二十五日）だったという。

六二年十二月の松戸市議選では、保育の会で活躍していた峪二葉が、東京の早川書房に勤めながら日本社会党から立候補した。

当時常盤平団地に住んでいた社会党中央本部の人から社会党がやろうとしていることと同じだから是非にと推薦されました。しかし、私は党員でもなければ党の集会にも行った事がなく、はじめはイデオロギーとは関係ありませんでした。それで組織のバックアップは一切断り、それが条件で市議に立候補しました。（前掲『松戸の戦後をかけぬけた女性たち』）

峪二葉は結局、五位で当選した（『広報まつど』六二年十二月十日）。当時の市区議会では、町村議会同様、女性議員がまだきわめて少なく、六三年四月の統一地方選挙でも、全議員に占める女性の割合は一・六％にとどまった（前掲『全地方議会女性議員の現状』）。

峪は、松戸市議会議員で初めての女性議員であった。社会党の組織のバックアップも、ましてや共産党の組織のバックアップも受けずに五位で当選したこと自体、常盤平の政治風土を反映していた。

これ以降、峪は七四年まで、連続三期十二年間、団地在住の松戸市議として活躍することになる。それまでの通勤対策に重点をおいていた男性の市議とは異なり、峪は「私たちの団地の当面する問題はいろいろ有りますが、まず着手しなければならないのは保育所の設置です」（『ときわだいら』六二年十二月二十日）と述べた。

峪は、六三年四月から十一月まで、松戸市議兼ときわ平保育の会会長となったが、保育所設立運動の結果、六四年には株式会社団地サービスの運営による無認可保育所が開設された。団地サービスというのは、公団と都市銀行、保険会社などの民間金融機関が出資して六一年に誕生した半官半民の会社で、団地の環境維持や清掃業務などを公団の委託で行っていた（日本経済新聞地方部編『団地を考えなおす』、日経新書、一九七四年）。六四年九月には、週に一～二日、三～四歳児を対象とする幼児教室も創立された。

常盤平団地から市議に当選したのは、峪のほかに無所属で立候補した前田茂がいた。前田は後に自民党に入党している。峪も前田も自治会の代議員から選ばれた執行部を構成する役員だったが、当選してからもその職にとどまった。

## 代議員会と上田耕一郎

上田耕一郎は、ひばりヶ丘団地の不破哲三とは異なり、自治会の役員には選ばれなかったが、六二年から六四年にかけて、三回続けて代議員になった。この時期は、『マルクス主義と現代イデオロギー』(不破哲三と共著、大月書店、一九六三年)や『マルクス主義と平和運動』(大月書店、一九六五年)を書いていた時期に相当する。代議員になると、市民の会よりはむしろ自治会の活動に力を入れるようになった。

六三年八月に開かれた第六回代議員会は、「一年間の反省」と「会則改正」を主な議題とし、五時間半にわたった。この会議の主導権を握ったのは、上田であった。上田は、自治会の活動について、「文化祭やサークル活動を中心に動いたらどうか。〔役員からなる〕執行委員会と会員ともっと有機的に結びつく必要がある」と述べている(『ときわだいら』六三年八月二十五日)。この背景には、『アカハタ』(六六年より『赤旗』)の日曜版を発刊し、アカハタ祭り(六六年より赤旗まつり)など共産党のソフト化路線を進めてきた経験があると思われる。

上田は、自治会への女性の参加が少ない点についても、「女性にも活動させるために現行の個人単位賛成だが、更に会費の免除規定ものこした方が主婦が参加しやすい」(同)と述べた。「現行の個人単位」とは、現行の会則どおり、世帯単位でなく、個人単位で自治会に加入できるようにすることを意味する。こうした主張をすること自体、常盤平団地で新日本婦人の会のような組織が確立されていなかったことを示しているように見えなくもない。

上田は、代議員として活動した自治会の一年間を振り返り、こう述べている。

私達の自治会の役員がなんでも代行してしまう町内会の様なものではなく、自から治める自主的組織であるとすれば、一人だけが十の仕事をするよりも、十人が八つの仕事をすることの方がまず大切だろう。この意味ではもう一つの反省の角度は、役員が会員の自発的積極的な参加をどれだけ引き出せたかということに求めてよい。（同）

そして、スポーツやレクリエーション活動など、「できるだけ多数の会員が参加できる多面的な自治会活動」の必要性を訴えている。

上田の発言の根底に、自治会に無関心な住民が多く、役員が会員から浮き上がってしまいがちな現状に対する危機感があったことは間違いない。中野区野方を拠点に行っていたような地域活動が、常盤平団地ではなかなかうまくいかないという焦りもあったのではないか。

**ひばりヶ丘団地自治会との違い**

しかし他方、自治会のなかには次のような声もあった。「もの申す！　放談会」と題する座談会で、執行委員のY氏はこう述べている。

地方選のために自治会の役員に名を連ねていると思われる人がいますね。冷静に行動を見ていると分ります。それに一党一派の地固めに利用している人もある様に見受けられ、そういう動きに対しては大いに注意を向けなければ迷惑する人が出てくるんじゃないですか。自治会が利用されては困りますね。（同、六三年三月二十五日）

この地方選が松戸市議選を指しているのは間違いない。一方、「一党一派の地固めに利用している人」というのは、上田耕一郎を指しているのではないか。六四年一月には、「一会員」による次のような投書が『ときわだいら』に掲載された。

自治会の運動と軌を一にして、時にサークルの名前をもって、あるいは○○会という名を用いたり、適当に名を変えて特定の政治活動や宗教活動につながるものが目に余るようになってきたように思えてならない。（中略）しかもしばしば見受けられるのは、自治会の要職にある役員の方々にそうした動きが見られるため、ややもすれば活動が混同視され、自治会活動に誤解を招いている節が相当に大きいように思える。（同、六四年一月二十五日）

これもまた、創価学会のような宗教団体とともに、共産党に対する批判を意図したものであろう。前述のように、当時の上田は代議員ではあっても役員ではなかったから、この批判は正確ではなかったが、前年には不破哲三と共著で本を刊行するなど、その思想的立場は団地住民の間でもよく知られていたに違いない。

ひばりヶ丘団地自治会で役員となって活躍する不破哲三や上田七加子に比べれば、常盤平団地自治会で役員になれなかった上田耕一郎の立場は弱かった。前者で「特定の政治活動をしている人が多い」ことが問題になるのは六八年になってからだが、後者ではそれよりもずっと早く、政治との関係が問われたのである。これは住民が役員の政治活動に敏感であったというよりはむしろ、自治会に無関心な住民が多いため、役員が少しでも政治活動を行うと目立ってしまうという理由によるものだろう。

### 上田耕一郎、常盤平を去る

上田は六五年、東京都北多摩郡国立町（現・国立市）の一戸建に引っ越している。「戸数五千戸の常盤平団地での自治会活動や党活動も、新しい経験でした。ここで長女が生まれ、四人家族となり、昭和四十年、国立市に転居しました」（『私の戦後史』、日本共産党東京都委員会、一九七四年）。六四年から代々木の党本部に勤めるようになり、通勤に不便が生じたこと、子供が一人生まれて家が狭くなったことが表向きの理由としては考えられよう。

しかし、別の理由も考えられる。六三年の衆議院議員総選挙における松戸市の共産党得票率は、四％にすぎなかった（『昭和38年11月21日執行衆議院議員総選挙選挙結果調』、千葉県選挙管理委員会、一九六四年より算定)。同じ総選挙で東京都の共産党得票率を見ると、ひばりヶ丘団地のある保谷町で九・六%、田無町で一一%、久留米町で八・七%、多摩平団地のある日野市で八・三%、上田が引っ越した国立町で一〇・二%あったのに比べると、半分以下ということになる(前掲『昭和38年11月21日執行衆議院議員総選挙の記録』より算定)。上田は、ひばりヶ丘団地にとどまった不破哲三とは対照的に、自治会に無関心な住民が多く、共産党アレルギーの強い常盤平団地での活動に限界を感じ、共産党が相対的に強い多摩地区の一戸建に引っ越したのではなかろうか。

ひばりヶ丘団地に住んでいた一九三〇年生まれの秋山駿は、二七年生まれの上田が「数年間」しか賃貸の団地に住まなかったことにつき、「君もぼくも、われわれは、敗戦時の少年ではないか。あの東京の焼野原を、時に限りなく愛し、時に限りなく憎んだはずだ。その焼野原に垣根を立てて、ここはおれの土地だとか、おれの家だとか、と言っている奴に、われわれは嫌悪を感じたはずである」と批判している(「市民は『政府の玩具』」、『週刊読書人』八〇年二月二十五日所収)。

共産党が当選者を五人から一四人に伸ばした六九年の総選挙でも、松戸市では共産党の得票率が九%までしか伸びていない(『昭和44年12月27日執行衆議院議員総選挙選挙結果調』、千葉県選挙管理委員会、一九七〇年より算定)。これでも千葉県全体では、高根台団地のある船橋市の九・六%に次いで高かったのだ。ちなみに東京都では、保谷市が一八・一%、田無市が一七・七%、久留米町が二一・三%、日野市が一六・六%、国立市が二一・六%であった(前掲『昭和44年12月27日執行衆議院議員総選挙の記録』より算定)。

六六年、上田は不破哲三らとベトナムを訪問したが、帰国後に常盤平市民の会に呼ばれて久しぶりに常盤平団地を訪れ、ベトナム戦争さなかのベトナムの現状について語った。「社会主義国へのあからさまな攻撃に対しては、卒直にいって世界的抗議はまだ弱い。日本でも北爆ニュースに慢性化してきている所がありはしないか。実際的な支援の活動をもっともっとしなければならないということを強く訴えておりました」（『ときわだいら』六六年六月二十五日）。この訴えは、団地住民にどれほど届いていただろうか。

七三年に開かれた共産党の第十二回大会で、上田は幹部会委員として「民主連合政府綱領についての日本共産党の提案」について報告した。「いま、わが国で、革新統一戦線とそれを土台にした連合政権が求められているのは、どの党も、どの政治勢力も単独では国政革新を実現することができないが、すべての革新勢力がもし行動を統一し、統一戦線を結成すればそれが可能であり、そしてまた、（中略）そうした行動の統一を可能にする政策的条件が成熟しているからであります」（『前衛』七四年一月臨時増刊号所収）。この認識はまさに、中央線沿線の国立の政治風土と響き合っていた。翌年の参院選で、上田は東京都選挙区から立候補し、初当選を果たしている。

## 深刻化する交通問題と教育問題

六〇年代の常盤平団地で、一貫して住民の最大の問題関心としてあったのは、交通問題と教育問題であった。前者は、新京成電鉄の松戸、新津田沼で接続する国鉄常磐線、総武本線の複々線化を要求する運動や、新京成のストに反対し、満員電車での怪我などの事故を防止する運動へと発展し、後者は増え続ける児童に小学校の建設が追いつかず、教育内容の低下を問題視する自治会の姿勢につながっていた。

千葉県にとっても、交通問題が解決しないまま、団地がいたずらに増えてゆくのは、市町村の財政悪化を招くため、放置しておくわけにはいかなかった。六三年十一月には、知事の友納武人《とものうたけと》が公団に「無計画な住宅建設」を再検討するよう求め、六四年十二月には常磐線・総武本線の複々線化の見通しが立つまで、松戸市に建設中の小金原団地（当時の仮称は北小金団地）と船橋市に建設中の北習志野団地の入居を見合わせるよう、公団に申し入れている（『千葉県の歴史』通史編近現代3、千葉県、二〇〇九年）。

その前月、新京成沿線の常盤平団地、高根台団地、前原団地ばかりか、稲毛、豊四季台、光ヶ丘、八千代台など、国鉄、東武、京成沿線の団地も含めた千葉県下の十団地の自治会により、千葉県団地自治会連絡会議が結成された。連絡会議は、十団地に住む七万人の署名を集めて常磐線、総武本線の交通事情緩和を訴え、両線の複々線化の六七年度実現などの請願書を作成した。この請願書は、連絡会議の代表と友納知事により、国鉄本社に提出された（『ときわだいら』六五年一月一日）。同じ国鉄の沿線でも、十両運転や高速化がいち早く進んだ中央線の沿線にあり、交通問題に対する不満が少なかった多摩平団地とは対照的であった。

交通問題同様、教育問題も一向に解決されなかった。六〇年九月に開校した常盤平第一小学校は、児童数の急増に伴い、六五年に第二小学校が、六七年に第三小学校が分離したものの、児童数の増加に歯止めがかからず、七一年には一六一二名、三九学級に達した（前掲『千葉県の歴史』通史編近現代3）。自治会は六八年五月、松戸市教育長を招いて教育問題対話集会を開催したのに続き、六九年一月には教育問題で市長の松本清に公開質問状を提出している（中沢卓実編『常盤平団地50周年記念誌　ふるさと常盤平』、常盤平団地自治会、二〇一〇年）。

**佐藤栄作の常盤平団地訪問**

六六年九月二十二日、首相の佐藤栄作が「内遊」の一環として常盤平団地を訪問し、2DKと3Kの棟を訪れた。合わせて、団地サービスが設立した保育園や、団地の商店街も視察した。現職の首相が団地を訪れるのは、きわめて珍しかった。

しかし、自治会長の白水一男は、「わずかな時間でもよかった。せめて教育の問題だけでも陳情したいと思っていたのだが、とうとう首相とは一言も話しをすることができなかった」と話し、団地の主婦たちは「新京成や常磐線にのって来て欲しかった」と、自動車で来た佐藤に対する不満をあらわにした（『ときわだいら』六六年十月二十五日）。

この日の佐藤の日記には、次のような記述がある。

道路が悪い。子供の施設が団地は急を要す。ショッピングセンターで主婦連と一問一答。大

**常盤平団地を訪れ、バルコニーから外を眺める佐藤栄作首相。1966年9月22日撮影**（写真提供／共同通信社）

変な人気で、一部(共)の心配があった様だが、更にその要なし。至極成功。代表的部屋どりを一、二視察。（『佐藤榮作日記』第二巻、朝日新聞社、一九九八年）

(共)は、日本共産党を指している。香里団地やひばりヶ丘団地にあったような共産党の勢いは、常盤平団地では感じられなかったというのだ。

佐藤の実感は、三年後の衆議院議員総選挙で裏付けられることになる。常盤平団地に住む共産党系の団地住民が松戸市議になるのは、七四年の選挙で峪二葉に代わり、新日本婦人の会松戸支部長、共産党松戸市委員会教育文化部長の小川ひろ子が当選したのが初めてであった（『ときわだいら』七四年十月十日、七四年十二月十日）。

## 全戸加入となる自治会

常盤平団地自治会は、六〇年代後半から一貫して、家主である公団や松戸市に対して、家賃や共益費の値上げや水道料金の値上げに反対する運動を続けてきた（大山眞人『団地が死んでいく』、平凡社新書、二〇〇八年）。六八年以降、自治会報の『ときわだいら』は「居住者全会員が理想」として、全居住者の入会を定期的に呼びかけている。

その背景には、団地住民の自治会への加入率が一向に上がらないことがあった。活発な運動にもかかわらず、六二年の発足当時、八〇％を超えていた加入率は、七七年には五六・四％まで低下することになる。『ときわだいら』七二年七月一日には、「非会員には差別を」という見出しがついた記事が掲載された。

自治会は自主加入となっているため非会員の方も多いのですが、居住者の要望する地域問題の解決のためには、全居住者の力強い協力と支援がなければなりません。

役員会の中では「自治会を認めない非会員には当然差をつけるべし」という声が強く、各行事についてそのような考えを入れてきております。しかし基本的に全戸加入を呼びかけるということでやっております。

こうして自治会は、全戸加入を呼びかける一方、七九～八一年に公団の一方的な家賃値上げに対して家賃裁判を起こし、八八年にも日本住宅公団の後身にあたる住宅・都市整備公団が実施した第三次家賃値上げを不当とし、公団を提訴した（前掲『団地が死んでいく』）。
常盤平団地では九二年度から、自治会に全戸加入することが義務となった。全国でも最大の団地自治会が誕生したわけである。六四年から代議員として自治会の活動を始め、七八年から七九年にかけて自治会長となり、八八年に自治会長に返り咲いて公団を提訴した中沢卓実のもと、この自治会は全国の大規模団地で唯一、建て替え反対の姿勢を貫くことになる。

## 4―2　女性の活躍――高根台団地

### 新京成電鉄と高根台団地

一九五七年、ある不動産業者から新京成電鉄開発課に、約六千坪の土地の売り込みがあった。物件は、高根木戸―滝不動間の陸軍習志野練兵場跡にあった。前掲『新京成電鉄五十年史』では、このとき常務であった田中栄にひらめいた考えをこう説明している。

田中常務はこのように考えられたのです。6000坪の土地を当社が単独で開発するよりも、この土地を含めて高根木戸駅から滝不動駅の間に住宅公団の大規模団地を誘致しよう、と。ただし、公団の大規模団地となると20万坪ほどの用地が必要になる。その用地買収は当社が全面的に協力しよう、ということでした。

新京成電鉄は、公団に代わって用地を買収したため、実際には公団が用地を全面買収したことになる。「公団の全面買収による宅地開発は全国でも稀であり、しかも高根台は施行面積22万875坪という最大の面積であった」（同）。常盤平団地とは異なり、地権者である農民が反対する動きは現れず、六一年三月までに買収を終えることができた（『戦後船橋と市職労の50年』上巻、船橋市役所職員労働組合、一九九七年）。

高根台団地内のテラスハウス。2007年撮影。老朽化のため順次、建て替えが進んでいる（撮影／編集部）

団地への入居が始まった直後の六一年七月、団地の玄関口として、高根木戸—滝不動間に高根公団駅が設置された。「公団」の付く駅名は、全国でも初めてであった。

しかし前述のように、新京成電鉄の設備や車両の古さは想像を絶していた。当時、団地に引っ越してきた畠山暹《すすむ》（六三年から七五年まで無所属の船橋市議となる）は、「駅に着いてドアが開かない。『このドアの前で立ってても一生開かないよ』なんて、乗客は、自分で開けて降りた」と回想している（船橋市編『船橋半世紀の歩み――船橋市制施行50周年記念誌』、船橋市、一九八七年）。都心から高根公団駅に行くには、総武本線の津田沼で降りて新京成電鉄の新津田沼まで歩き、新津田沼から前原まで一駅乗ってさらに京成津田沼から来た松戸方面ゆきの一両編成の電車に乗り換えなければならなかった。所要時間は、御茶ノ水から津田沼までが三十七分、新津田沼から前原までが二分、前原から高根公団までが八分で、津田沼や前原での乗り換え時間を含めると一時間以上かかった。

にもかかわらず、前掲「日本住宅公団関東地区賃貸住宅建設実績一覧」によれば、家賃は十三坪台の中層フラットタイプ２ＤＫで五千八百円と、多摩平団地やひばりヶ丘団地よりも高かった。常盤平団地と同様、東京の西側より東側のほうが高かったわけだ。

**傑作と評される住棟配置**

西地区、中地区、東地区からなる賃貸四六五〇戸の入居が完了したのは、六三年八月であった。続いて分譲二二〇戸の入居が始まり、六四年十一月に完了している。中層フラット棟やテラスハウスのほか、スターハウスの代わりにボックス型ポイントハウスが六十棟も配置され、視覚的なアクセントとなった。東京の公団阿佐ヶ谷住宅の全体計画を手がけた津端《つはた》修一の設計による「土地の起伏を生かした住棟配置は、傑作としかいいようがない」とされている（神山光伸・馬飼野《まかいの》元宏《もとひろ》編『僕たちの大好きな団地』、洋泉社ＭＯＯＫ、二〇〇七年）。

政治学者の杣正夫《そままさお》は、新津田沼から新京成電鉄に乗って高根公団で降りたときのことを、次のように記している。

25円ではたしかに短かすぎる距離をのって公団駅で降りると、そこには駅前にスマートな商店街があり、そのむこうに公団住宅の端整なアパート群が立体の線を美しく交錯させながらならんでいる。芝生がきちんと植えられている。道には歩道と車道がある。道や商店街に見られる婦人や子供の服装は東京や大阪のどこの繁華街に出してもヒケをとらぬ流行の色と様式のものである。(「団地社会の政治態度——千葉県船橋市高根台団地自治会活動を中心にして」、『都市問題研究』第一六巻第五号、六四年所収)

団地の世帯数は、六三年十月現在で三千七百四十八世帯、人口は一万一九三九人であった。一世帯あたりの平均は三・二人ということになる。船橋市の人口は一八万七〇二七人だったから、全人口の六・三%が高根台団地に住んでいたわけだ。

**真っ先に生まれた自治会**

高根台団地では、入居開始が六一年七月と安保闘争より一年あまり後だったため、香里団地や多摩平団地やひばりヶ丘団地などのように、安保闘争に触発された居住地組織は生まれなかった。この団地で真っ先に生まれたのは、自治会であった。

六二年四月、まず自治会準備会が発行する『たかね』が創刊された。五月には、四カ月の準備期間を経て、高根台団地自治会が結成され、全入居者の七五％が加入した。初代の自治会長には、中野義彦が選出された。

六三年六月から発効した規約では、会長、副会長、事務局長、会計、会計監査のほか、中央運営委員、地区運営委員、代議員を置くとされた（『たかね』六三年八月二十六日）。常盤平団地では代議員会が最高議決機関とされたが、高根台団地では中央運営委員と地区運営委員を合わせた運営委員が役員の主要メンバーを構成した。

自治会に続いて保育の会も結成され、船橋市議会に市営保育所設置を働きかけた。

常盤平団地自治会で上田耕一郎が孤軍奮闘していたのとは対照的に、高根台団地への共産党の進出はより組織的であった。六二年十月に新日本婦人の会が結成されると、六三年三月に新日本婦人の会船橋支部ができ、翌月には同高根台班が結成された。ある会員は、「新日本婦人の会入会申込書を全戸にくばり、大胆に入会をよびかけましたが、これでおおぜいの婦人が入会しました」と回想している（『赤旗』六八年四月九日）。四月十四日には東集会所に会員七七名中五一名を集めて結成大会が行われた。この大会には、千葉北部酪農農業協同組合の組合長も出席している（同、六三年四月二十日）。

## 光成秀子、自治会長となる

六三年七月に開かれた中央運営委員会で、六三年度自治会長選挙が行われ、光成秀子が鈴木義丸を三票差で破り、二代会長となった。当時、女性の自治会長は全国でも画期的であったが、この会長選出をめぐって自治会は大混乱に陥った。西地区副会長の大宮司実美はこう述べている。

今年は、会長選出を境として調子が狂ったと思いますが、最近順調に向かいつつあります。これは余りにも光成・鈴木両候補の理解がなさ過ぎた上に、余りに政党政見のハッキリした人たちが動きすぎたせいではないかと思います。自治会は政党的な議会ではないことをお互いがさらに深く自覚して、運営に当たらない限りスムーズにいくはずがないと思います。（中略）

ことに自治会の会長にあげてもらっておいて、将来○○議員になろうなどと考える人があったら、もってのほかではないでしょうか。野心家がはびこらぬ最善の努力をいたしましょう。

（同、六三年八月二十六日）

ここまであからさまに、自治会長となった人物に対する警戒感をあらわにする自治会報は珍しかった。それはひとえに、光成秀子が共産党員であったことに由来していた。「高根台自治会は第2年目の会長に光成秀子氏を選んだが、この人事をめぐってすこしもめた。光成氏は新日本婦人の会の会員であるので、この人事は自治会の左翼支配であると見る小〔少〕数の役員がいた。よくある

『アカ攻撃』である」（前掲「団地社会の政治態度」）。

七人の役員が辞任して自治会を脱退するなど、加入率が激減したことに危機感をもった自治会は、「厳然として残る多くの問題は自治会からの脱退によってはなんら解決されない」（『たかね』六三年八月二十六日）として、住民に自重を促した。

光成は、「女性が本来の女性である立ち場によって、自由に発言できるのには、思想信条の自由が、まず第一に必要であります。そのことは何も女性に限らず男性でも同じことがいえます」として、「思想信条の自由」を強調した（同）。これはおそらく、松戸市と同じく、共産党アレルギーが強かった船橋市の政治風土に対する批判を意図したものであったろう。

夫婦で党員だった安孫子亮は、光成が自治会長だった当時の自治会活動につき、次のように回想している。

この地域の党活動にも大衆活動にも民主的で戦闘的で原則的なたたかいの伝統がある。もちろんたたかいに迂余曲折はつきものだが、たとえば新日本婦人の会ができて安いナマ牛乳を飲もうという運動がひろがったとき、「赤い牛乳」ということで大変な中傷や妨害があった。また自治会でも水道料など公共料金値上げ反対に立ち上がるごとにアカ攻撃があったが、それらを見事にしりぞけた。そういう伝統がある。当時の党の指導部に光成秀子さん（当時五十五歳）がいて、彼女のきびしさにはみんな泣かされたようだった。（城侑《じょうすすむ》「手をとりあう婦人たち——

暮らしのなかで」、『月刊学習』七三年七月号所収)

「安いナマ牛乳」とは、新日本婦人の会高根台班が結成されたとき、来賓として招かれた千葉北部酪農農業協同組合が生産する八千代牛乳を指している。当時の団地には、新聞と同様、牛乳配達という制度があり、各戸の玄関扉には、牛乳受けの小窓が設けられていた。八千代牛乳は、森永、雪印などライバル会社を制して徐々に団地に浸透し、七三年になると「いまは団地の三分の一の家で新婦人の会の牛乳を飲んでもらっている」(同)という状況になった。

## 光成秀子と戸坂潤

それにしても、身内にあたる党員の安孫子亮からすらも、「彼女のきびしさにはみんな泣かされたようだった」と名指しされた光成秀子とは、一体どういう人物だったのだろうか。

光成は一九五九年、五一歳で日本共産党に入党している。

ちょうど第八回党大会前のことであって、入党したばかりの晴れがましい気分で、私は綱領草案の党内審議に参加し、日本人民のあたらしい民主主義革命の道しるべである綱領を、全幅的に信頼して支持を表明したものでした。

二度目のベトナム戦争の危機の時期には、私は人民大衆の現実的な利害に基づいた共産党の原則的なたたかいを通じて、団地自治会の会長、副会長などを歴任して平和のために奮闘し、六五年秋の三中総決定実践党全国活動者会議には、代議員に選ばれて参加しました。その後、私は団地の大衆運動の実績を認められて、地方議員の候補者に挙げられ、地方議会で党と住民を代表してたたかう重責を負うことになってしまったものです。(『戸坂潤と私』、晩聲社、一九七七年)

つまり、バリバリの党員だったわけだ。光成は、六三年度に自治会長を、竹中労が自治会長となった六四年度と六五年度に副会長を歴任した。六七年の船橋市議選では共産党から出馬し、全体の第七位にあたる二千四百七十五票を獲得して当選し、船橋市議となった。

このころ、共産党は地方議会で議員数を着実に増やしていた。前述のように、六六年の日野市議選では北村文芳が初当選し、六七年の枚方市議選では諸田達男が、久留米町議選では高橋守一が、船橋市議選では光成秀子が、それぞれ初当選した。彼らはみな団地住民であった。六七年の町村議選では、自民党が百三十七も議席を減らしたのに対して、共産党は六十一も増やしている(高田なほ子「今日の婦人議員像——その役割」、『月刊社会党』一二六、一九六七年所収)。

光成は、続く七一年の船橋市長選で、全国の統一地方選挙で唯一の女性市長候補として共産党から出馬し、三万八千票あまりを得たものの、自民党候補に敗れている(『選挙の記録』、船橋市選挙管理委員会、一九八八年)。

ところが七七年になって、光成は前掲『戸坂潤と私』を著し、四五年八月に長野で獄死した唯物論哲学者、戸坂潤の愛人であったこと、戸坂との間には非嫡出子、明美がいて、戸坂に明美の認知をさせたことなどを告白した。光成は、三二年から戸坂の主宰する唯物論研究会の会員であった。この本では、戸坂との性愛の思い出について生々しく語っている。

彼は、私が成り余る一物を摑んで離さないもので、「秀子は、僕が傍にいると一晩中でも興奮が止まらないだろう――」といって、おかしみを誘うような含み笑いをして、「今日は、海〔戸坂の息子の名前〕の誕生日なのだ。かならず帰ると約束してきたから、帰らなくてわね」と律義な性格の一面をのぞかせて、私に最後の駄目を押しました。じゃじゃ馬ぶっても駄目だとわかれば諦めがつくもので、彼は幾百回とはなく繰り返された別れのたびに、また来るからと駄目押ししたものでした。私はたった一度だけしつこくからんで、彼に頬っぺたをぶたれたことがありました。（前掲『戸坂潤と私』）

引用するのも恥ずかしくなるような文章だが、これはほんの一例にすぎない。光成はこうした過去を封印したまま、高根台団地の自治会や船橋市議会の活動にのめり込み、その厳しい姿勢は男性からも恐れられていたのである。

竹中労［1930-91］（写真提供／共同通信社）

## 竹中労、自治会長になる

六四年度の自治会長には、ルポライターの竹中労が立候補して選ばれ、光成秀子は中地区の副会長となった。

竹中は四七年に日本共産党に入党し、五二年に党員資格を剥奪されるが、六一年に復党した。五九年からは、前年に発刊された『女性自身』のスタッフライターになっていた。十八回目の抽選で高根台団地への入居が決まり、六二年九月にボックス型ポイントハウスの一階に入居するや、ひばりヶ丘団地に住み始めた秋山駿と同じような感想を抱いたようである。

> 一万五千人の人間が、ほとんど同じ形をした〝箱〟の中で生活している。番号で整理されたコンクリートの棟割りである。人びとは、その一棟のドアの前まで行かなければ、わが家を確認することができない。それは、日本古来の「むら」や「まち」と全然ちがう住居の形態である。私は、ふとミツバチの巣箱を連想した。（中略）
> はじめに、ナンバーありき——。すべての人格が画一的に数字に還元されるところから、団地生活の第一歩がはじまる。（『団地七つの大罪』、弘文堂、一九六四年）

しかし竹中の職業的本能は、一見同質的な団地主婦の生活の根底に、都心に通うサラリーマン生活に疲れた夫に相手にされない妻の、性生活に対する不満があることを嗅ぎ取っていた。

…高根台団地に入居してから満一年と七カ月、私はこのコンクリート棟割りの街をすぎていく〝セックスの四季〟を、興味ふかく観察してきた。私たちと同時に入居してきた約三百世帯の夫と妻は、はじめいきいきとかがやく表情であった。中秋の夜、原稿の手をやすめて、窓の外をながめると、あの窓この窓に灯が消えてまたともり、水洗便所の音が闇をさいてかすかに二度ひびいてくるのである。

駅前広場の送迎も新入居者の妻君たちでしめられていた。冬の朝、冬の夕べ、わが家の周辺は、恋人どうしのようにぴったりと腕を組み、肩に頬をよせた若夫婦たちが潮騒のような足音をたてて通った。

やがて春、申しあわせたように、同じくらいの大きさのおなかをかかえた奥さんが目立ちはじめた。「高根団地じゃなくて、タヌキ団地だな」と不謹慎な冗談をいって女房ドノにたしなめられたりした。

そして夏、また冬、いまこの原稿のペンを走らせている窓の外には、ほとんど灯がともっていない。三つ、四つ、五つ、深夜になっても帰宅しない夫を待っているのであろう、さびしい

光がもれているのみである。(同)

夫婦の睦まじい光景は、長くは続かなかったというのだ。「妻たちは、過去のバラ色の夢からさめやらず、夫のスタミナが衰えたことを、愛情の喪失と錯覚して嘆く。そして、夫をセックスでつなぎとめることだけを、無邪気に考える」(同)。

前述のように、駅前で妻が夫の帰宅を待つ光景は埼玉県草加市の草加松原団地にも見られたのであり、何も高根台団地に特有なわけではなかった。高根台団地に入居した住民の平均年齢は、男性は三二・一歳、女性は二七・八歳で、サラリーマンが八〇・七％を占めていた。つまり、夫の大半は、新京成と総武本線を乗り継ぎ、混雑率三〇〇％を超える電車に一時間以上揺られて都心まで通っていたのである。

竹中の文章にジェンダーバイアスがかかっていることは、指摘しておかなければならないだろう。そもそも、妻たちがただ夫の帰りを黙って待っていたわけではないことは、自治会や新日本婦人の会、保育の会などの活動を見ても明らかであるからだ。六五年四月には、自治会から船橋市への強力な働きかけにより、高根台保育園が開園している(前掲『戦後船橋と市職労の50年』上巻)。

## 怪文書事件

竹中が自治会長になって最初に遭遇した事件は、「怪文書事件」であった。共産党や保育の会や新日本婦人の会を批判する「高根台団地における日共の行動について」と題する匿名のチラシが、全戸に配布されたのである。

いわく、光成前自治会長が使途不明の金を数回にわたって使った。いわく、八千代牛乳が雪印牛乳の営業を妨害していた。いわく、新日本婦人の会（実際には自治会婦人部）が呼んだ羽仁説子の講演が「高根台の赤化」を招いた。いわく、共産党が党員ないしシンパを自治会要職に多く送り込んでいる……等々。

前述のように、こうした自治会に対する攻撃は、多摩平団地でもあった。しかし、多摩平団地では攻撃する主体が『市民新聞』を発行する岡戸利秋という個人に特定できたのに対して、高根台団地では主体を特定できない点が違っていた。同様の事件は、六六年五月に「団地の赤化を防ぐ会」「団地生活改善協会」の連名で、「みなさんがようやく安住された武蔵野の静境、小平団地も、この共産党のたくみな浸透力によって赤化されつつあります。たとえば、新日本婦人の会と称するもののように文化運動の仮面をかぶった党外組織の党グループによって、現に発足して七カ月の当団地自治会幹事会は代表者を含む約半数の幹事（役員）が赤化されています」などと書かれたビラが全戸に配布された東京都小平市の小平団地でも起こっている（滝いく子『団地ママ奮戦記』、新日本新書、一九七六年）。

竹中は「怪文書事件に思う」と題して、こう反論した。

高根台団地には、一万八千の人びとがいる。それは一万八千のこころが、一万八千の思想と信条があるということである。

赤くなるのも白くなるのも、人びとの自由である。世界を一色に塗りつぶそう、きらいな色は消してしまえというのは、危険な暴力的な考えである。

まして匿名で、おまけにウソで固めたデマ文書で、隣人をおびやかすなどサタの限りである。怪文書を作成した人の心情を、私は実にいやしいと思う。きたならしいと思う。そして、こんなビラを印刷する資金が、どこから出ているのか、真けんに疑う。

団地の平和をみだし、まじめな保育や主婦の活動を攻撃して、トクをするのはだれだろう。私は、この怪文書事件のかげに低めいする黒い霧を見る。

住民を扇動し、やがて食いものにしようとする〝職業的〟な政治屋もしくは大衆運動屋の悪どいトリックを感じる。(『たかね』六四年八月十日)

堂々たる反論である。竹中は、この怪文書に「権力への毒々しい野心」を嗅ぎ取り、それに一撃を加えたのである。六七年にふたたび共産党を除名されるが、ここにはすでに、共産党よりはむしろ後年のアナーキズムに近い思想が顔をのぞかせている。

このころ、竹中は『女性自身』のスタッフライターを辞め、フリーのルポライターとして独立している。つまり、高根台団地自治会長だけが唯一の肩書となったわけだ。時間に余裕ができた竹中にとって、自治会長は人間観察をするうえで絶好のポストであった。

**常磐線、総武本線交通事情緩和署名活動**

六四年十一月には、前述した常磐線、総武本線の交通事情緩和のための署名活動が、高根台団地でも始まった。千葉県団地自治会連絡会議が作成した請願趣意書によれば、「総武線の混雑は、ラッシュ時において定員の三・二倍、すなわち百四十四人乗りの車両に四百六十人がつめこまれるという、恐るべき状況」（同、六四年十二月十五日）であった。つまり混雑率は、三二〇％ということになる。

竹中は、妻とともに街頭に立った。

女房ドノと二人、寒風吹きすさぶ街頭署名に立って、いま、家に帰ったところである。ゆきかう団地人の九割までは「ワレ関セズ」という仏頂面で、じろりと眺めて通りすぎていった。中には、「こんなことをしても効果はないでしょう?」と、冷笑をうかべていうバカモノもいた。「…何よ、自分たちが毎朝通勤して、イヤという目にあっているのに!」カミサンは、ふくれつらである。だが、女房ドノよ、怒ってはいけない。そんなことで絶望していたんでは、〝大衆運動〟などできっこないのである。

かけよってきて鉛筆をにぎり、「主人の名前も書いてよいいんですか?」と真剣な面もちでたずねた若い奥さん、「ご苦労さま！」と募金箱に百円玉を投げ入れていった白髪の老サラリーマン氏、〝その一割の熱意〟に、私は、明日をかけようと思う。（前掲『団地七つの大罪』）

たとえ全住民の一割しか署名が集まらなかったとしても、千葉県の団地全体では七万の署名が集まった。竹中は、「はじめて自治会の役員になった時、実をいうと、私は市民運動の限界を見て」おり、「壁あつき保守反動の体制の中で、ささやかな市民の抵抗は、なにほどの効果もあるまいと、正直、そんな気分」だったというが、この署名活動は竹中をして、そうした見方を大きく変えさせるきっかけとなった。

私たち団地住民の種まいた一粒ずつの麦、一行ずつの署名が、かくもはばひろい、強力な市民運動となった事実。

…そこに、私は人間の未来に対するビジョンとプログラムとを発見しました。小市民的な無関心と、あきらめムードを超克することができたのです。（『たかね』六五年七月二十八日）

同様のことは、前掲『団地七つの大罪』の最後でも述べられている。「団地人となって二年二カ月、私は、自分自身、この四角四面の不思議な社会で、何か別の人格に改造されたように思う。インテリぶった知的頽廃《たいはい》から解脱して、健康な庶民の感覚でものを見る目が、次第に身についてきたのではないかと、ひそかに自負するのである」。

竹中がとらえる「市民」というのは、常盤平団地の上田耕一郎のような「インテリ」とはもちろん、香里団地の大淵和夫や樋口謹一が想定するような「市民」とも違っていた。核家族しか住んでいない団地生活の中核には性の問題があると喝破した竹中にとって、街頭で交通事情の緩和を訴える「市民」は、家に帰ればコンクリートの壁に囲まれ、安心して生殖行為に励む「庶民」でもあった。団地での体験が、竹中をして日本共産党から離れさせる重要なきっかけとなったのは間違いない。

## バスボイコット運動とその波紋

六五年五月、自治会総会が開かれ、竹中労が自治会長に、光成秀子が中地区副会長に、それぞれ再任された。役員に占める女性の人数は、運営委員が三〇人中八人、中間議決機関として新設された評議員が六〇人中二一人となった。竹中は六五年十一月、『美空ひばり』(弘文堂、一九六五年)の印税と映画「団地七つの大罪」(東宝、一九六四年)および「処女喪失」(日活、一九六五年)の原作料を使い、初めて中国を訪問している。

二期目に入った竹中が取り組むべき最大の課題は、やはり交通問題であった。竹中は、この問題に取り組むうちに、少しずつ手ごたえを感じるようになった。「団地の人びとはいま、自分たちの生活を守るためには、近隣と連帯しなければならないということを、ようやく実感しているのです」(『たかね』六六年一月五日)。六五年八月に「総武・常磐両線利用者協議会」が結成されると、六七年度内に総武本線の複々線化を求める署名が九三〇六人も集まった。

新京成の鉄道運賃が値上げされたのに続いて、高根公団駅から団地内を循環する新京成バスの値上げも検討されていることがわかると、自治会は反対運動を始めた。その運動は、値上げが実施された翌月にあたる六六年二月からバスボイコット運動へと発展し、三月十四日を「ボイコットデー」とすることを決めた。

三月十四日当日は、自治会からお渡しするリボン「バスボイコット、みんな歩きましょう」を胸につけて自宅から駅まで歩いて下さい。署名数からいって、過半数の人がボイコットすることが予想されますが、自治会としては、本当に全員がボイコットするまで毎月やる決意でおります。(同、六六年三月十日)

バスボイコット運動は、前述した西武運賃値上げ反対運動に比べれば小規模なものであったが、多くの主婦が加わり、ボイコットデー当日はTBSのワイドショー番組「おはよう・にっぽん」で生中継までされたため、全国的な注目を浴びた。児童文学作家で共産党員の早船ちよ、日本社会党代議士の神近市子《かみちかいちこ》、新日本婦人の会代表委員の勝目テル、評論家の丸岡秀子といった左派の女性知識人が、こぞって高根台団地自治会に賛辞を寄せた(同、六六年四月十日)。なかでも丸岡は、この運動を五四年に杉並区から起こった原水禁運動に匹敵するものとして評価している。

ボイコット運動は成功に終わった。なぜなら、「新京成バスのかせぎ時であるラッシュ・アワーには、バスはほとんどガラ空きで運行をつづけ、呼びかけにこたえた通勤者が元気に駅まで歩いて行く姿がみられ」（同）たからである。

後に竹中は、二年間の自治会長としての活動を振り返り、「この冬もまた、すさまじいラッシュの朝夕、総武線の雑踏にもまれるたびに、一昨年の三月十六日〔十四日〕、バス・ボイコットにまでもりあがった、あの市民的情熱をやはり持続させるべきだったと、思うことや切なのです」（同、六七年一月五日）と述べている。

## 竹中と光成、自治会を去る

バスボイコット運動の成功を受ける形で、六六年三月二十五日には、「高根台生活を守る会」が誕生し、光成秀子が会長となった。商店が少なく、物価も高かった高根台団地では、六五年七月に主婦たちが「エプロン会」を組織し、自分たちの手で即売会を開催していたが、これはやがて共同購入運動へと発展していった（小林律子「船橋・高根台団地自治会の学習文化活動」、『月刊社会教育』七六年一月号所収）。

婦人民主クラブの櫛田ふきは、高根台生活を守る会開会のあいさつで、「物価を上げている犯人はおまえだぞって民衆の無数の手が、佐藤〔栄作〕さんを指す。それがいちばん、おそろしいの。

高根台団地の主婦のみなさんがなさったのは、そういうことなんです。『黙っていないぞ、行動することだってできるんだぞ』という意思と力を示したわけね」（『たかね』六六年四月十日）と述べた。

前述のように、佐藤栄作は六六年九月、船橋工業団地を訪れてから常盤平団地を視察している。船橋市の高根台団地のほうが近かったにもかかわらず、わざわざ松戸市の常盤平団地まで行ったのは、高根台だと「㊒の心配があった」からかもしれない。

しかし六六年度の自治会では、竹中も光成も役員を辞任し、自治会から退いた。竹中は、「昨年五月、自治会長を辞任するさい、小生は（中略）交通地獄解消の運動に熱心であった三枝博、藤原祐長、矢野嘉之運営委員、有賀哲男事務局長、そして光成秀子副会長に留任することを懇請しました。しかし小生をふくめて、大半の活動メンバーが辞任する結果となり、あれほど高揚した運動も、挫折のやむなきに至ったのであります。（中略）とくにバスボイコットに示された主婦の団結、その中心だった光成さんが、自治会活動の第一線からしりぞいたことは、決定的なダメージでありました」（同、六七年一月五日）と回想している。

## 『赤旗』と高根台団地

ルポライターとしての仕事が増えた竹中は六六年四月、中野区に移り、自治会長は川俣孝雄に代わった。川俣もまた共産党員だったため、高根台団地では三代続けて共産党系の自治会長が誕生した。これは全国の団地でも、きわめて異例であった。高根公団駅前には、大きな『赤旗』の案内板があったという（前掲「手をとりあう婦人たち――暮らしのなかで」）。

六八年二月五日には、政府に安くて住みよい住宅を早く大量に建てるよう求める主婦や幼児など約九五〇人が、国会前から日比谷公園までデモ行進した。翌日の『赤旗』社会面には、この模様を伝える記事が、新左翼を意味する「トロツキスト」（社会主義学生同盟。略称社学同）に対抗して民青系の中央大学昼・夜間部自治会が開いた「中央大学学費値上げ白紙撤回、理事会団交要求昼夜合同総決起集会」よりも大きく掲載された。

ここで目を引いたのは、高根台団地の主婦らが大きなプラカードを掲げて歩く姿を撮影した写真であった。「千葉県船橋市の高根台団地からは団地自治会、保育の会、サークル懇談会、新日本婦人の会などの諸団体が協力し、バス一台を借切ってかけつけました」（同）。学生や大学よりはむしろ主婦や団地のほうを大きく取り上げる『赤旗』の報道は、当時の共産党の支持層が奈辺《なへん》にあったかを象徴している。

六八年六月二十九日には、日本社会党所属の船橋市議、松永よしのぶによる、「高根台自治会の運営委員は、半分以上が共産党系。残りが、社会党や保守系などだ」「共産党系で全部とる力はあるんだけど、自治会を独占しているといわれないために、我々や保守系の人もいれてんですよ。我々を隠れミノに使ってんだよ」という談話が、『朝日新聞』京葉版に掲載された。自治会は、「まったく興味本位に、自治会活動をとらえ、善意で、自由で、自主的でかつ、献身的なこの市民の集まりを、当世ばやりの派閥集団であるかのように戯画化されては、心の底から憤りがこみあげてきます」(『たかね』六八年七月二十三日)として抗議したが、松永自身は「迷惑な話だ」とはしたものの、先の発言そのものは否定しなかった。

**自治会の要職を占め続ける女性たち**

竹中労は、光成秀子が自治会から去ったことを、自治会活動にとっての「決定的なダメージ」になったと回想していた。だが実際には、六六年度から自治会の専従役員制が発足して事務局の体制が整い、六七年度には初めての団地夏祭りを開催し、団地主婦の学習活動のための婦人学級を開講するなど、自治会の活動が衰える気配はなかった(『1992年入居30周年記念特集号 高根台団地』、高根台団地自治会、一九九二年)。

特筆すべきは、光成秀子が会長や副会長を退いてからも、多くの女性が自治会の要職を占め続けたことである。「男女の比率は執行機関で半々、評議員会は90%女性、事務局体制は専従五名全員女性、ほかに組織部員二十四名、棟委員約二三〇名が女性、日常的な苦情処理や事務処理はほとんど事務局で処理、自治会活動の要の役割をはたしています」(前掲「船橋・高根台団地自治会の学習文化活動」)。

同じ新京成沿線にあっても、常盤平団地とはこの点が対照的であった。

六七年度から九一年度までに限っても、山下栄子が六七~七三年度と九〇~九一年度に事務局長、八三年度と八七~八九年度に副会長を、中村克子が六七~六八年度と七〇年度に副会長、六九年度に会長を、渡辺素子が七一〜七二年度に副会長を、小林律子が七二〜七三年度と七七年度に事務局次長、七四〜七六年度に事務局長を、鈴木みつ江が七七〜八一年度に事務局長を、望月康子が八三〜八七年度に事務局長を、小池芳子が八四〜八六年度に副会長、八七〜九一年度に会長を、それぞれつとめている（前掲『1992年入居30周年記念特集号　高根台団地』）。

これらの女性のうち、渡辺素子は新日本婦人の会事務局長をつとめ、光成秀子の後継者として日本共産党から七一年の船橋市議選に立候補して全体の第二位で当選し、当選後もなお副会長の座にとどまった（前掲「手をとりあう婦人たち——暮らしのなかで」）。渡辺は七五年三月まで市議をつとめ、同年四月には千葉県議選の船橋市選挙区に立候補して当選し、九八年まで六期在職した（『千葉県議会史　議員名鑑（第二版）』、千葉県議会、一九九九年。なお八七年から九三年までは、現首相の野田佳彦も同じ選挙区で県議であった）。山下栄子は、渡辺素子の後継者として七五年の船橋市議選に共産党から立候補して第三位で当選している（前掲『選挙の記録』）。小池芳子は、いまもなお事務局長として活躍している。

# 第五章●団地の時代は終わったか

## 5―1　私化とコミューン化と――七〇年代の団地

### 団地と性

総戸数一万一七〇戸（賃貸八二八七戸、分譲一八八三戸）、想定人口三万人あまり。「これまで公団で建設されたどの団地よりも大きく、単一の事業体として建設されたものとしては文字どおり日本一」（「高島平住宅」、『公団の住宅』一六九号、七一年所収）の巨大団地、高島平団地（東京都板橋区）の入居が始まったのは、一九七二年一月であった。

エレベーターの完備した地上十四階建や十一階建の住棟が林立する外観は、団地というよりはむしろ、民間の高層マンションに近かった。同年五月には、団地住民向けのタウン紙として、高島平新聞社が刊行する『団地新聞・高島平』（現・高島平新聞）が発刊された。

乳房は女性の象徴。ホルモンと密接に関係しているので、乳房によって女性のすべてがわか

るとか。当たるも八卦《はっけ》、当たらぬも八卦。よその女性を研究して問題を起こしても、当局は一切関与しない。（中略）

①すばらしい乳　乳房が張りきっていて、肌がこまかく、形の大小には関係なくふくらみのある乳房。乳首がプクリともりあがるようにして、上向き。性感はすばらしく、愛情面も豊か。

②愛される乳　全体が広く大きく、弾力性があってうるおいのある皮膚。乳首は上向き。肉体も精神も健全で、敏感なセックス感度をもつ人で、万人から愛される。

③物質運の強い人　乳首が発達していて、乳の上にもりあがっていて、プリプリとしている相。物質運にめぐまれ、明るい男女生活をおくれる。

④敏感な乳　乳首の皮があつく、形がもりあがっていて、紅い乳の女性は性感覚に敏感で男性に愛され、またそれを十分に受けとめる人。肉体の発育も良好。

⑤鈍感な乳　乳房が小さく、しかもたれていて、弾力がない。女性としての肉体的欠陥がありそう。

⑥つまらない乳　形ばかり大きく弾力のない乳房、大きい乳首は下向き。セックス面での耐久力がなく、性的魅力にもとぼしい。

⑦男運のない乳　未婚の女性で、左右の乳房の大きさがふぞろい。男性に縁が薄く、薄幸な一生を送る相。セックスも面白味なし。

⑧さびしい乳　乳房が小さく、その間かくがせまい。さびしい夫婦生活を送りがちで、暗い

性格の持主のため、男性の愛も少ない。

右に引用したのは、『団地新聞・高島平』の第一号（七二年五月二十日）に掲載された「プレイロッド1　乳房占い」である。文章の左横には、それぞれの乳房に見合った八つのイラストが描かれている。この「プレイロッド」は、「2　目と眉」「3　唇」「4　アゴ・ホホ・耳」という具合に、同紙に連載された。

書いているのは、明らかに男性である。女性をセックスの対象としか見ない、性欲むき出しの言葉に満ちている。スポーツ紙や風俗雑誌ではない。発行部数八千部（村中義雄「高島平の社会像」、『高島平——その自然・歴史・人』、板橋区立郷土資料館、一九九八年）の新聞に堂々と掲載されたのである。

**高層住宅が並ぶ高島平団地**（写真提供／毎日新聞社）

**個人主義の台頭**

もちろん、こんな記事ばかりが掲載されていたわけではない。「プレイロッド1　乳房占い」が掲載された同じ紙面には、「火を吹いた保育所問題　オソマツな区の行政ぶり」という見出しが四段抜きで掲げられている。すでに見てきたように、保育所の問題は入居が始まったばかりの団地で必ずといってよいほど起こる問題であり、この点に関する限り、高島平団地とそれ以前に建てられた団地の間には強い連続性があった。だが、保育所の問題と「乳房占い」が同じ紙面に並ぶことは、これまで決してなかった。

高根台団地の自治会長となった竹中労が、団地と性の関係の重要性に気づき、「団地七つの大罪」の一つに「性の罪」をあげていたことは前述の通りだが、それを自治会報の『たかね』で公表することはなかった。竹中は、自治会長とルポライターという二つの顔を意識的に使い分けていたのである。ところが、七〇年代になると、タブーがなくなり、表層に現れなかった性の問題が、自治会報よりも発行部数の多い団地新聞に掲載されるようになる。

ここに大きな時代の断層がある。自治会は本来、個人を超えた地域の問題を扱うためにつくられる。そこにあるのは、コミュニティをいかにして維持してゆくかという問題関心である。一方、性はすぐれて個人の問題である。六〇年代の団地は、一貫して前者が優先していたが、七〇年代になると、団地の高層化とともに、団地というコミュニティよりも「私」の生活を優先させる個人主義が台頭してきたと見ることはできないだろうか。

## 際立って高い出生率

六〇年代後半になっても、都内では低所得層を対象とする木造賃貸アパートの建設が続いた。「この春まとまった数字によると、都内の個人経営アパートは九万一千むねで、そこには都全体の二三%にあたる八十万三千世帯が住んでいる。つまり、都民は四―五世帯に一世帯の割りで、木賃アパートをすみかとしている計算だ」(『朝日新聞』六八年七月十一日)。

木造賃貸アパートは壁が薄いため、プライバシーがなきに等しかった。便所の悪臭もひどかった。コンクリートの壁に囲まれ、悪臭に悩まされることもなく、安心して生殖行為に励むことのできる団地へのあこがれは強いものがあった。

実際、高島平団地の出生率は際立って高かった。「全国の出生率は人口千人に対し一九・二、東京都が二〇・四、高島平団地はなんと、七二という出生率となっている」(『団地新聞・高島平』七二年十二月十五日)。七三年四月には、母子手帳の発行数が二二二〇冊と、それまでの最高を記録した(同、七三年六月十五日)。単純に考えれば、三十日間に二二二〇人の子供が生まれたことになる。七二年に高島平団地に入居した高島平吾――これがペンネームであるのは容易に想像できる――は、「おなかの大きな主婦であふれ、目のやり場に困るほどだった。病院はいつも満杯だった」と回想している(「団地の年齢」、『東京人』九二年二月号所収)。「乳房占い」のような記事が堂々と掲載されたのも、こうした出生率の高さと無縁ではなかったのである。

『高島平新聞』の村中義雄編集長は、「公団の目論みでは、高島平団地は賃貸住宅にしろ、分譲住宅にしろ、それまでの団地より家賃や分譲価格が高いものとなったため、入居者はいわゆる中堅層となるだろう、と予測していた。賃貸の家賃はその当時の他団地に比べ約2倍もしていた」と述べる（前掲「高島平の社会像」）。ところが実際には、七五年の人口構成を見ると、男性の四〇・八％、女性の四三・四％が団塊世代にあたる二十五～三十四歳で占められていた（三浦展《あつし》『郊外はこれからどうなる？』、中公新書ラクレ、二〇一一年）。「公団や区が想定した中堅どころの入居者でなく、住宅に困っていた若い世代が一時に入居したため、それまで出産を抑制していた夫婦が〝解禁〟となり、一斉に出産を始めた」（前掲「高島平の社会像」）わけだ。

## 香里団地から高島平団地へ

もっとも、団地の出生率が高かったのは、五〇年代に建設された香里団地やひばりヶ丘団地も同じであった。団地と性を結び付ける発想も、香里団地のときからあった。団地を訪れた今東光が、ベランダに干してある洗濯物を見ながら、「盛んなもんだね。実に生産意欲が旺盛だね」と述べたのは前述の通りである。しかし、そうした発想は、決して自治会報やミニコミ紙などに露出することはなかった。

六〇年代の香里団地では、自治会が合同したり分裂したりしながら活動を続けるとともに、一方で香里ヶ丘文化会議が「市民」を主体とする民主主義の実践の場として団地をとらえ、他方で共産党が新日本婦人の会を通して勢力を拡大していった。両者の思想は鋭く対立していたが、コンクリートの壁を打破し、団地をコミュニティの場に変えていこうとする発想は自治会と共通していた。

ところが、七〇年代に入り、高島平団地のように巨大化し、高層化した団地が建設されるとともに、コンクリートの壁は当たり前になってそうした発想は後退し、代わって密室における個人の欲望がひたすら肥大化してゆく。

もちろん、高島平団地でも自治会はつくられた。しかし、総戸数が多すぎて全体の自治会はつくられず、総戸数七七四一戸の高島平二丁目団地自治会だけで、代議員が二九五人、自治委員が一〇三人、中央委員が三二人もいた（『団地新聞・高島平』七二年十一月十五日）。

七一年には、白川和子主演の日活ロマンポルノの団地妻シリーズの第一作「団地妻　昼下がりの情事」が封切られている。それは五八年の『週刊朝日』から始まった集合的な新中間階級を意味する「団地族」の時代の終焉と、孤立した密室に籠《こ》もる「団地妻」こそが、団地を象徴する記号となる時代の幕開けを意味していた。

この間、わずか十年あまりしかたっていないことに、改めて注意すべきだろう。団地の黄金時代は、長続きしなかったのだ。高島平団地では、「上の部屋からの物音に対する苦情」が管理事務所に多く寄せられるようになり、「団地のマナー」と称して、「団地居住者としては〝お互いの幸わせ《ママ》を守るため〟に、一人ひとりが今少し、共同生活への強い自覚と願わくば理解さえも持つ必要があるのではなかろうか」（『団地新聞・高島平』七二年十二月十五日）と呼びかけなければならない事態にまでなっている。

こうして高島平団地では、コミュニティ意識が希薄化し、脱政治化、私化が進んだ。高島平が飛び降り自殺の名所として有名になったのは、団地の高層化がそうした衝動を誘発したこと、高層化により、すぐ上や下の階に行くにもエレベーターを使うようになり、階段室型の団地にあったような隣近所との付き合いが減少したこと、他者に関心をもたず、密室に籠もる住民が増え、死角が生まれやすくなったことの反映でもあった。

**自民党の予測**

日本が高度経済成長を遂げた六〇年代には、農村から都市への人口の移動が急激に進んだ。歴史学者の網野善彦は、この時代を十四、五世紀以来の「文明史的・民族史的転換」が起こった時代としてとらえている（『日本社会の歴史』下、岩波新書、一九九七年）。都内に木造賃貸アパートが急増したのも、このことと無縁ではない。

衆議院議員総選挙を前にした『読売新聞』六三年十一月三日は、「変容する保守・革新の地盤」という見出しを掲げた記事を掲載している。

こんどの総選挙の場合にもはげしい社会構造の変化、人口移動はすでに大きな影響を与えている。たとえばニュータウン、マンモス団地などの出現で、東京七区を筆頭に、兵庫二区、大阪二、三区では前回（三十五年）の総選挙当時より十一万―十五万人も有権者がふえ、また千葉一区では東京への十四万人の通勤者をかかえておりこれらの動向により選挙戦は様相を一変

するものとみられている。(中略)

一般的には〝団地族〟には革新ムードが強いといわれるが、炭鉱の斜陽化は革新系に影響を与えそうで、北海道の産炭地は石炭合理化により前回より四区を中心に約三万五千人炭鉱労働者が減っており、炭鉱の組織票をあてにしていた革新候補に打撃を与えている。

文中の東京7区には多摩平団地やひばりヶ丘団地が、大阪3区には香里団地や千里ニュータウンが、千葉1区には高根台団地が、それぞれの選挙区に含まれる。この記事は、六〇年代に入り、炭鉱の斜陽化や都市化が進むにつれ、革新系の支持者が「炭鉱労働者」から「団地族」に移ってきていることを正しく指摘している。

大都市の郊外に団地が次々に建設されつつある情勢を踏まえ、自民党全国組織委員会は、「最近の選挙結果から推計すると、〔昭和〕四十三年には得票率は自民党が四六・六%、社会党は四七%となり、自民党は第一党の座を譲らなければならない」(同)と予測した。自民党にとって、団地が増えることは革新政権の誕生を意味していたのである。副幹事長の瀬戸山三男《せとやまみつお》は、「賃貸団地は革新票の巣。あんなものをふやす必要はない」「賃貸の団地づくりは革新票を育てるようなもの。保守的な人間をつくるには持ち家政策を推進する以外にない」(『毎日新聞』六七年二月二十四日)というのが持論だったという。

すでに明らかなように、自民党の予測は見事に外れた。確かに衆議院議員総選挙の得票率を東京都内で見ると、板橋区で六九年に最も多かったのは自民党で二八・一%だったのが、高島平団地が建設された後の七二年になると、最も多かったのは共産党で二四・八%の票を集めている。また北多摩郡村山町でも、六三年に最も多かったのは自民党で六〇・四%だったのが、都営村山団地（総戸数五二三〇戸、全戸賃貸）が建設された後の六七年になると、最も多かったのは社会党で三一・五%の票を集めている（前掲『昭和38年11月21日執行衆議院議員総選挙の記録』『昭和42年1月29日執行衆議院議員総選挙の記録』、『昭和44年12月27日執行衆議院議員総選挙の記録』より算定）。

このように、大団地のある区や市や町だけを見れば、自民党の予測は当たっていた。しかし、七〇年代の政局は「保革伯仲」の状況にはなったものの、前述のように共産党支持者の多かった高島平団地ですら、社会主義とは相いれない個人主義が台頭しつつあった。ましてや、団地のない地方では依然として自民党が強く、革新政権が生まれるどころか、自民党が第一党の地位を転落することすらもなかった。

見方を変えれば、これは中間層の持ち家取得を推進してきた自民党政府の政策が、公営住宅の大量建設を主張する社会党や共産党に対して勝利をおさめた結果であった。一九七三年のオイルショックは、政府をして住宅政策を景気対策の手段とし、持ち家建設のいっそうの増量に取り組ませることになった（前掲『住宅政策のどこが問題か』）。

## 分譲主体の滝山団地

だが、持ち家だからといって住民が自民党を支持するとは限らない。それどころか、公団の分譲住宅のなかには、賃貸同様、共産党の有力な地盤となったところもあった。

東京都北多摩郡久留米町（七〇年より東久留米市）に広がっていた無居住の雑木林を開発し、六八年から七〇年にかけて建設された滝山団地は、総戸数が三一八〇戸と、西武沿線の公団住宅としては最大規模であった。注目すべきは、分譲が二一二〇戸（うち普通分譲一三六〇戸、特別分譲七六〇戸）と、全体の三分の二を占めていたことである。前述のように公団は、六〇年代後半から徐々に分譲の割合を増やしていったが、これほど分譲の戸数が多い団地はほかになかった。

ではなぜ、久留米町でこのような分譲主体の大団地が建設されたのか。それを解く鍵は、町長の藤井顕孝が話した次の言葉にある。

団地の人は、別に久留米町がいい。久留米町に住みたい。といって移住してきた方とは違うんですヨ。ただ申込んだ団地が抽選で当って、引っ越してきたといういわば根なし草とでも見られる町民です。ひばりヶ丘を例にみても、住民の五割以上、千五百世帯ぐらいの人は、最初に住んだ人とは違うんです。移動もかなりはげしい。希望してきた町ではない。これでどうして町を愛し、町の発展を真剣に考える方が多勢《ママ》でてくるでしょうか。といって団地に居住している方だけを責めるわけにはいかないんです。公団も都も、家を建てるばかりでなく、永久に住みついてもらうような考え方になってもらいたい。（『日本だんち新聞』六七年五月二十日）

藤井は滝山団地の建設に際して、公団にいろいろと条件をつけたという。その重要な一つは、ひばりヶ丘団地のような賃貸をおさえ、「永久に住みついてもらう」持ち家として団地を買う分譲をなるべく多くすることであったのではなかろうか。藤井は保守系の町長であったから、分譲を多くすれば、全戸賃貸のひばりヶ丘団地とは違って革新系の地盤にはならないという読みがあったかもしれない。

七一年の東久留米市長選で藤井は再選されるから、藤井の目論みは成功したかに見えるが、必ずしもそうはいえない。なぜなら滝山団地では、共産党が賃貸地区に自治会を、分譲地区に居住支部を、それぞれ発足させたからである（松田解子「『こんなちっちゃな子を連れて…』——東京都東久留米市の滝山団地をたずねる」、『月刊学習』七四年十二月号所収）。初代自治会長となる工藤芳郎は、七一年の市長選に共産党の支援を受けた革新系無所属として立候補し、藤井に敗れるものの、七三年には自治会長に復帰し、七四年七月に結成された全国公団住宅自治会協議会（全国公団自治協）でも代表監事となる（思想運動研究所編『日本共産党系団体要覧１９８１年版』、全貌社、一九八一年）。

## ひばりヶ丘団地の後継者としての滝山団地

七〇年代になると、滝山団地自治会は賃貸、分譲両地区を横断する自治会に発展するとともに、勢いの衰えたひばりヶ丘団地自治会に代わって、西武運賃値上げ反対実行委員会を組織し、反対運動を主導するようになる。マルクス主義の窮乏化理論はいまだ健在であった。実行委員会の森川玉江にいわせれば、西武鉄道は「ロマンスカー〔レッドアロー〕など長距離観光電車の増発や改良はしても日常通勤者ののる電車はいつも満員で沿線住民の高架線、立体交差、駅ホームの改善、要求などはほとんど受け入れてくれない」私鉄であった（『新婦人しんぶん』七〇年十月一日）。

結局、値上げを阻止することはできなかった。それでも滝山団地自治会は、「私たちは、私鉄運賃を値上げするといったとき、滝山団地自治会から起った反対の火の手が、広く全国にもえひろがり、力を合わせた強い住民運動で三ケ月近く値上げをおさえ、九月二十九日（十月五日の誤り――引用者注）まで実施をのばさせ、値上げ巾も当初の平均三十二％を二十三％とおさえた経験をもっています」（『たきやま速報』七一年一月二十七日）という自負を抱くことになる。

七一年になると、東京12チャンネル（現・テレビ東京）で放映されていたお色気女性アクションドラマ「プレイガール」のロケを、滝山団地で行っていたことが明るみに出た。

「健全な団地婦人の風俗を、著しく傷つけるテレビ映画を団地内でロケし、放映するのは許せない。放映を中止しなければ今後、団地を使ってのロケはいっさい許さない」と、怒った東京・東久留米市の公団滝山団地代表が二十日制作者の東映と12チャンネルに抗議する。

東映は十八日朝十時から同夜十時まで12チャンネル用の連続テレビ映画「プレイガール」のロケを滝山団地で行なったが「団地婦人の乱れた私生活をどぎついタッチでとった。健全な団地の生活が傷つけられるおそれがある。ロケを中止させて――」といった声が、同団地自治会に殺到した。(『朝日新聞』七一年二月二十日夕刊)

高島平団地とは対照的である。「団地婦人の乱れた私生活」を忌避し、「健全な団地婦人の風俗」を守ろうとする背景には、住民運動で全国の団地を主導してきたことを自負し、共産党的「正しさ」を追求する自治会の姿勢があった。

## 「滝山コミューン」の成立

武蔵野台地上に建てられた滝山団地は、賃貸も分譲もソ連のピャチエタージカを思わせる五階建中層フラットタイプのみで成り立っており、最も同質的な団地であった。このため、平等を重んじる社会主義の思想が浸透しやすく、「みんな」という意識が生まれやすかった。自治会報にも、「今年で二回目、誰もが参加でき、みんなで盛上げ、みんなで作りあげる年一回のお祭りとして盆踊りもいよいよ定着してきました」(『たきやま』七〇年九月十五日)「みんなで参加　みんなで育てる住民自治」(同、七一年六月二十三日)といった言葉が目立っている。

滝山団地では、分譲棟が多かったため、藤井顕孝が期待したように住民の移動が少なく、家族構成は四人で子供が二人、夫は都心に通うサラリーマン、妻は専業主婦で、二人の子供はともに地元の学校(東久留米市立第七小学校ないし第九小学校)に通う小学生というのが基本であった。ここでは、共産党の露骨な政治力に反発する住民が少なくなかったために、加入率が必ずしも高くなかった自治会よりはむしろ、団地のある滝山六丁目の1街区から3街区までと、滝山二、三丁目の第二団地に住むすべての児童が通う二つの小学校が地域の核となった。

七一年に自治省が通達した「コミュニティ（近隣社会）に関する対策要綱」では、小学校をコミュニティの核と位置づけ、「おおむね小学校の通学区域ほどの広がりを持つ」モデル・コミュニティを設定したが、たとえ自治省からの指定がなくても、滝山はモデル・コミュニティと呼ばれるにふさわしかった。滝山六丁目の人口は一九七三年に、第七小学校の児童数は七四年に一挙にピークを迎えた（前掲『滝山コミューン一九七四』）。

この公立小学校を舞台に、文部省による上からの教育指導に抗する形で、全国生活指導研究協議会（全生研）の影響を受けた一教員が担任となった学級の児童が代表児童委員会の役員を独占し、滝山団地自治会とメンバーが重なるＰＴＡに支えられつつ「学級集団づくり」を全校規模で実践し、「民主的集団」に逆らう児童を「追求」の対象としたことは、前掲『滝山コミューン一九七四』で詳しく触れた。これをコミュニティのコミューン化と呼ぶこともできよう。

コミューンという言葉は、六五年に発生した慶應義塾大学の学費値上げ反対闘争や、六六年に発生した横浜国立大学の自主管理闘争、六五年から六六年にかけて発生した中央大学の学館闘争、六八年に発生した東大全共闘の闘争などでも繰り返し使われた（前掲『１９６８』上）。いずれも、バリケードで封鎖したキャンパスで、学生が自主管理や完全自治、直接民主主義を求めたことを意味するが、「滝山コミューン」もまた教員の指導やＰＴＡの支援を受けつつ、児童自身による直接民主主義を究極の理想とした点で、これらの大学闘争と共通する面があった。

香里ヶ丘文化会議の樋口謹一は、ルソーの『社会契約論』を念頭におきつつ、香里団地が「コミューン」となることを「無限の近接につとむべき目標」として掲げた。その主体となるべきは、あくまでも権力に批判的な市民でなければならなかった。この点は明確に「滝山コミューン」とは異なるが、「滝山コミューン」を『社会契約論』によって正当化することはできた。なぜなら、学級集団の決定は一般意志と同様、「つねに正しく、つねに公けの利益を目ざす」のであり、「一般意志への服従を拒むものは、団体全体によってそれに服従するように強制される」からである（『社会契約論』、桑原武夫・前川貞次郎訳、岩波文庫、一九五四年）。

**創価学会と「団地部」の結成**

日本共産党に遅れて、団地住民の組織化に乗り出したのは、創価学会であった。

一九六四年に結成された公明党は、創価学会を支持母体とし、六七年の総選挙で二五人を当選させ、衆議院に初めて進出した。共産党はもともと中小零細企業の労働者を組織化していたが、公明党はそこに支持層を広げたため、両者の争いは熾烈をきわめた（玉野和志『創価学会の研究』、講談社現代新書、二〇〇八年）。六九年の総選挙で、公明党は共産党や民社党よりも多い四十七議席を獲得し、社会党に次ぐ野党第二党になった。

しかし同年、明治大学教授の藤原弘達が創価学会と公明党を批判する『創価学会を斬る』の出版を計画していることがわかると、創価学会と公明党は出版を阻止すべく、藤原や出版社などに圧力をかけて妨害を図った。いわゆる言論出版妨害事件である。

いち早く問題にしたのは『赤旗』であり、国会でも取り上げられた。初当選したばかりの不破哲三が、衆議院予算委員会の総括質疑で追及したのも、この事件であった（前掲『不破哲三　時代の証言』）。創価学会と公明党は激しい社会的批判にさらされ、創価学会会長の池田大作は公式に謝罪し、公明党との政教分離を約束したものの、七二年十二月の総選挙では十八議席も減らして二十九議席にとどまり、野党第二党の座を共産党に明け渡した。

七三年十月二十四日、日大講堂で行われた創価学会十月度本部幹部会で、団地部の設置が発表された。団地部の目的は、信者が住んでいる団地を「人間共和の都」に変えることであった。池田大作によれば、この目的は彼方に理想郷を求めるのではなく、居住の地を最高の仏道修行の地と定めた日蓮の教えに由来する（『聖教新聞』二〇一一年五月三十日）。

団地部の活動を促した要因として、前述のような「私化」があった。池田はその例として、七四年一月に渋谷区の公団うぐいす住宅（現・センチュリーフォレスト）の浴室で一人暮らしの女性の孤独死が発見された事件や、同年八月に平塚市の県営団地でピアノの騒音に怒った四階の男性工員が三階の母子三人を殺害した事件をあげている（同、二〇一一年五月三十一日）。「私化」を防ぎ、団地を「人間共和の都」にすべく、信者のなかには自治会の役員を引き受けて駐車場を設置したり、老人会の中心となって懇親会を開催したりした（同、二〇一一年六月二日〜四日）。

こうした活動は、池田自身が大田区大森や山王の木造賃貸アパートで生活した体験に根差しているというが、共産党の完全な後追いであった。ただし共産党や社会党が公営住宅の建設推進を政策に掲げたにもかかわらず、実際には公団の大団地を中心に勢力を伸ばしていったのに対して、創価学会はそれよりも所得の低い公営住宅や木造賃貸アパートで信者を増やしてゆく。

都営団地では最大規模となる都営村山団地のある武蔵村山市では、七六年の衆議院議員総選挙で創価学会が支持する公明党の得票率が二六・九％と、自民党の二七・九％に迫り、東京都内で最高を記録したのに対して、共産党の得票率は一六・〇％にとどまった（『昭和51年12月5日執行衆議院議員総選挙の記録』、東京都選挙管理委員会、一九七七年より算定）。

創価学会は、公営住宅ばかりか公団住宅でも、しだいに勢力を伸ばしてゆく。池田はその例として、七四年三月入居開始の吉川団地（埼玉県北葛飾郡吉川町〈現・吉川市〉、一九一四戸、全戸賃貸）をあげている（『聖教新聞』二〇一一年六月四日）。共産党が八〇年代以降、国政選挙で議席を伸ばせなくなるのは、中小零細企業同様、団地という有力な地盤を公明党と食い合うようになったことも大きかった。

## 5―2　団地の衰退、団地の再生

入居が始まった当時の多摩ニュータウンの様子。道路に囲まれ、自家用車での移動が想定されていたことがわかる（写真提供／共同通信社）

### ニュータウン時代の到来

一九七一年三月入居開始の公団諏訪団地（賃貸六一五戸、特別分譲六四〇戸）、公団永山《ながやま》団地（賃貸三三一三戸、特別分譲五九〇戸、長期特別分譲二九四戸）から入居が始まった多摩ニュータウンは、日本住宅公団のほか、東京都、都住宅供給公社の三者が開発し、人口約四一万人、戸数約一一万戸を想定したニュータウンで、その地域は南多摩郡多摩町（現・多摩市）、稲城町（現・稲城市）、八王子市、町田市の二市二町にまたがっていた。大阪の千里ニュータウンに遅れること十年弱にして、東京でも本格的なニュータウンの時代が到来したのである。

社会学者の若林幹夫が指摘するように、そもそもニュータウンとは、戦後イギリスでロンドンの都市機能分散のために建設された都市群を指した言葉で、これらの都市はロンドンに通勤するための住宅地ではなく、自立した産業経済をもつものとして構想された。これに対して、日本語化したニュータウンのほうは、計画理念として複合的な機能をもつことがうたわれていたとしても、実際には大都市や地方中核都市の郊外住宅地であった（『郊外の社会学』、ちくま新書、二〇〇七年）。この点では、団地と変わらなかったといえる。

では、ニュータウンは開発区域や総人口、総戸数が団地よりも大きくなり、開発期間が団地よりも長くなり、中層フラットタイプのほかに高層ポイント棟やタウンハウス（専用庭とコモンと呼ばれる共同庭の付いた連棟式の低層集合住宅）など、住棟の多様化が再び進んだだけの住宅地であったかといえば、そうではない。

団地とニュータウンの重要な違いの一つは、ニュータウンでは鉄道やバスのような公共交通に全面的に依存せず、自家用車が普及すること、その意味では団地よりもアメリカ化が進むことである。アップダウンの多い丘陵地にあるために自転車が使えなかったうえ、七四年まで鉄道が乗り入れることのなかった多摩ニュータウンでは、とりわけそれがあてはまる。

逆にいえば、自家用車のない世帯にとって、多摩ニュータウンは文字通り陸の孤島となる。そのせいか、入居開始当初は「当選はしても入居辞退者が続出し、申込者全員が入居できたのではないかと思われるような状況であった」（岡巧『これぞ人間試験場である』、たいまつ社、一九七四年）。

七一年三月、多摩ニュータウンで最も早く完成した永山団地賃貸住宅に入居した沢目雅昭は、「私なども3百戸の募集にたいして補欠の１９６番であったが、繰り上がったのである」と述べている（同）。

陸の孤島とさえ表現されている現在のニュータウン住民にとって、自動車はいってみれば〝下駄替り〟的性格を持っている。

すでにニュータウン居住者の約三分の一は自動車を保有しており、約三分の一は将来保有を希望している。（『多摩ニュータウンタイムズ』七二年九月一日）

多摩市はこのほど、ニュータウン内の駐車状況を調べた。

それによると永山、諏訪、愛宕《あたご》三団地（約七千八百世帯）の車両保有数は三四％の約二千六百台。公団住宅は三世帯、都営住宅は二世帯、公社住宅は四世帯にそれぞれ一台の保有率で、その九割弱が自家用車だった。

これに対し駐車場の収容能力はわずか六百二十七台。特に都営住宅の場合は、保有台数九百九十五台に対し、収容能力はたった四十台というひどさだった。（同、七三年六月一日）

したがって多摩ニュータウンでは、全体の八四％が路上駐車していた。千里ニュータウンでもモータリゼーションを予測しきれずに駐車場が不足したが、多摩ニュータウンでこれほど自家用車が普及するとは、公団も都も公社も予想していなかったようだ。

この点は、滝山団地と対照的であった。なぜなら、滝山団地で六九年四月に集計されたアンケートによれば、主に利用する交通機関はバスが一四七人に対して自家用車は一九人にすぎず、西武バスが大きな比重を占めていたからである（『滝山団地自治会準備会ニュース』六九年五月一日）。各街区の中央に遊歩道をつくり、車よりも歩行者を優先させた滝山団地では、自家用車は交通事故を招く、空気を汚染する、静かな住宅環境を破壊するといった声が強く、七七年には自治会が自家用車の大幅な増加を招くとして、イトーヨーカドーの滝山四丁目出店に反対している（『たきやま』七七年一月十日）。

## 多摩ニュータウンと多摩田園都市

メディア史学者の長谷川一は、名古屋と東京の移動手段を比較し、両者に占める自家用車と鉄道の割合の違いに注目しながら、生活様式が自家用車に偏重する名古屋に対して、「東京都内では、路面交通は二十七・二パーセントでしかなく、鉄道交通が七十二・八パーセントを占めており、名古屋とは真逆の傾向にある」と述べる。そのうえで、名古屋的郊外が初めて大々的に現れたのが多摩ニュータウンであり、「多摩ニュータウンは、森を切り、丘を拓き、谷を埋めて平坦な土地を造成し、十分な幅員の確保された道路と、四角い整形地とを組みあわせて区画した計画的な都市である。名古屋もこれに似ている」という興味深い指摘をしている（『アトラクションの日常』、河出書房新社、二〇〇九年）。

とはいえ、名古屋に比べて鉄道への依存度が高い東京でも、自家用車の普及は徐々に進んでいった。ライターの速水健朗が指摘するように、六六年にカローラやサニーなど、低価格のファミリーカーが登場してから自家用車の大衆化が進み、スカイラインのCMには団地が映し出されるようになる（前掲『団地団』）。公団か都営かを問わず、多摩ニュータウンで自家用車が普及するゆえんである。

片側二車線の道路が整備され、道路と遊歩道が立体交差になっている多摩ニュータウンでは、滝山団地のような反対運動は起こらなかった。この点で多摩ニュータウンは、同じ多摩丘陵に東急が五〇年代から開発してきた多摩田園都市に似ている。

そもそも、東急の会長の五島慶太は、アメリカの交通事情から影響を受け、当初は高速道路を建設することを考えていた（『多摩田園都市――開発35年の記録』、東京急行電鉄、一九八八年）。この構想は結局挫折し、東急は高速道路の代わりに田園都市線を建設するものの、東名高速道路や第三京浜が近くに建設されたため、自家用車の所有を前提とする街づくり自体は進められた。多摩田園都市のみたけ台に住んでいた批評家の東浩紀は、「僕の自宅前の道路でさえ、両側にダブルで路上駐車があっても車が十分に通れるような広さでした」と回想している（『東京から考える』、NHKブックス、二〇〇七年）。

多摩田園都市は、イギリスの田園都市（ガーデンシティ）をモデルとして東急が開発した一戸建主体の住宅地でありながら、多摩ニュータウン以上にアメリカ的な住宅地となってゆく。消費社会研究家の三浦展は、「1980年代の田園都市線沿線およびその周辺地域は、『金妻』の街として、つまりアメリカ的な郊外中流生活をいち早く実現した、非常に生活満足度の高い理想の郊外としての地位を確立しつつあった」(『団塊世代の戦後史』、文春文庫、二〇〇七年)と述べている。

これに対して、集合住宅からなる多摩ニュータウンを開発した主体は公団、東京都、住宅供給公社の三者であった。このため、たとえ公団と都営の五階建フラットタイプが隣接していても、滝山団地のような同質的な風景にはならなかったうえ、ニュータウン特有の風景として、公団が開発した同じ諏訪二丁目のなかにすら、賃貸の高層ポイント棟と分譲の五階建フラットタイプが共存することになった。

## 「共通の場」のない多摩ニュータウン

社会学者の内田隆三は、「そこに立ち並ぶ建築物に『共通の文脈』(連続性)が見いだせない」多摩ニュータウンに注目し、こう述べている。

多摩ニュータウンにおける問題は、そこに出現している「不連続性」がもっと深い地層に及んでいることから生じている。そこでは異質なものたちが文脈を欠いたまま出会うべきテーブル、つまり「共通の場」の存在そのものが十分に信じられていないからである。たしかに多摩ニュータウンという同一性はあるが、そこにはさまざまな断層線や切断線が走っている。しかも、それは開発の時期々々による変遷がつくりだしたものだけではない。むしろ一九九〇年前後に、バブルと消費社会の表現としてニュータウンがそれ自身の都市化を果たしていく過程で、土地を基盤とする「共通の場」が見えない深淵に沈んでいったのである。(前掲『国土論』)

多摩地区の団地をしばしば訪れていた数学者の遠山啓《ひらく》は、七四年七月八日の日記に、「この間、多摩市の永山団地にいったときの感じでは、日本に新しい事態が生まれたということである。それは、『故郷』というものから根こそぎされて、浮動する容器の上にのる人を発生させたということである」と書いた(『遠山啓著作集』別巻1、太郎次郎社、一九八三年)。遠山もまた内田同様、多摩ニュータウンではそれまでの団地にあった「共通の場」、すなわち疑似故郷的なコミュニティが完全に崩壊したことを指摘しているのだ。

内田や遠山の指摘は、多摩ニュータウンにおける自家用車の普及という観点からも当てはまる。というのは、自家用車の普及もまた、団地がもっていた「共通の場」を崩壊させ、住民の私化を促進させる要因となるからである。

郊外居住区での過度な自動車依存がリースマンのいう「孤独な群集」を生み出すことは、アメリカでも評論家のルイス・マンフォードによって指摘されていた(前掲『集合住宅デモクラシー』)。公団諏訪団地に住んでいた浅井民雄は、多摩ニュータウンで自家用車が増えることで、「いろいろな地域住民の生活の問題の解決を、個人の力の範囲内だけにとじこめてしまうような心が生れてくる」とし、「車を媒介として地域社会の対話がなくなり、人間的な信頼感がなくなつていくなら、この便利なもの――自動車は廃棄されなければならないものではないかと考えます」とまで述べている（「〝車を捨てよう〟――多摩ニュータウンに住むＹ君への手紙」、『丘』第三号、七三年所収）。

多摩田園都市の場合、鉄道も住宅も東急によって敷設ないし開発され、「たまプラーザ」という駅名に象徴されるように、「共通の場」を確立させようとする傾向が見られたのに対して、多摩ニュータウンでは鉄道の敷設の主体と住宅の開発の主体とが別々だったうえ、住宅ばかりか鉄道までもが、京王と小田急に分かれていた。事実上同一の駅であるにもかかわらず、会社名をかぶせて区別する「京王多摩センター」「小田急多摩センター」という二つの駅名は、多摩ニュータウンに「共通の場」がないことの端的な反映であった。

## 公団の戸数消化主義

たとえ多摩ニュータウンの場合、「当選はしても入居辞退者が続出し、申込者全員が入居できたのではないかと思われるような状況」であったとしても、平均倍率は一倍を上回っていた。具体的にいえば、沢目雅昭が入居した永山団地賃貸住宅は六・〇倍、諏訪団地賃貸住宅は三・三倍であった（『朝日新聞』七一年二月十日）。永山団地特別分譲住宅だとさらにはね上がり、三一・二倍に達した（同、七一年三月二日）。

二十三区内にあり、都営地下鉄6号線（現・三田線）で都心へ一本で出られる高島平団地では、さらに高い倍率になった。最も戸数の多い２ＤＫの賃貸住宅は一〇・八倍、３ＤＫの賃貸住宅は二一・五倍、3LDKの分譲住宅は実に一二五・五倍を記録した（『板橋区史』通史編下巻、板橋区、一九九九年）。多摩ニュータウンにせよ高島平団地にせよ、賃貸よりも分譲の倍率が高かったことは、それだけ持ち家としての団地に人気が集まったことを示している。

しかし他方、六〇年代後半からは、公団が建設した分譲住宅のなかに、平均倍率が一倍を切る団地も現れるようになる。

3DK五百十戸に、申込みは二百三十六人――日本住宅公団が〔六八年〕六月末に募集した千葉市花見川の普通分譲住宅の希望者は、募集戸数の半分にも満たなかった。分譲住宅の人気は三、四年前の十倍、二十倍を頂点に下がりだし、最近は一・七倍にまで落ちてはいたが、募集戸数に満たなかったのは初めてだ。分譲住宅の不人気は、都心部からの距離、間取りの狭さにほぼ比例している。遠ければ広いものを、狭ければ近いものが望まれる。それが、ついに花見川で、入居者ががまんできる限界を越えたともいえる。しかも、これはやがて全国的な傾向になりそうだ。分譲住宅はもはや〝建てさえすれば〟の時代ではない。公団の戸数消化主義が、反省を求められる時がやって来たのだ。（『朝日新聞』六八年七月六日）

この花見川団地は、賃貸五五五一戸、分譲一五三〇戸、合計七〇八一戸という、当時としては最大規模の公団住宅であった。

都心からの所要時間は、東京から日暮里までが山手線で十分、日暮里から八千代台までが京成本線で五十分、八千代台駅から団地までがバスで八分、乗り換えも含めれば約一時間十五分となっている(「花見川住宅」、『公団の住宅』一三六号、六九年所収)。団地は「遠くて高くて狭い」というイメージが出てきたのだ。

それでも、「公団の戸数消化主義」は改まらなかった。

その結果、東京都町田市では、都営、公社住宅を合わせた団地の面積が七〇年五月に六〇三ヘクタール、団地人口は総人口の四四・五%に達した。「総戸数二万六九一二戸は実に日本一の規模であったといわれる」(『町田市史』下巻、町田市、一九七六年)。この年、町田市は『団地建設と市民生活』(団地白書)を刊行し、団地建設に伴う無秩序な人口急増が教育環境に悪影響を与え、財政を圧迫している実態につき問題提起を行っている(『町田市教育史』下巻、東京都町田市教育委員会、一九九〇年)。

埼玉県上尾市も同様で、「昭和四十五〔一九七〇〕年には、市の人口の三三パーセントが団地人口で、市民の三人に一人が団地の住民ということになった」(『上尾市史』第七巻、通史編(下)、埼玉県上尾市、二〇〇一年)。七三年三月に発生した上尾事件は、国労(国鉄労働組合)と動労(国鉄動力車労働組合)の順法闘争により高崎線のダイヤが乱れ、上尾駅から電車に乗れなくなった客が暴徒化して駅長や駅員を襲撃し、電車を破壊した事件だったが、その多くは六八年十二月に入居が始まった西上尾第一団地(全戸賃貸、総戸数三二〇二戸)や、七〇年二月に入居が始まった西上尾第二団地（同、総戸数二九九三戸）をはじめとする新興団地の住民であった（舟越健之輔《けんのすけ》『箱族の街』、新潮社、一九八三年を参照）。

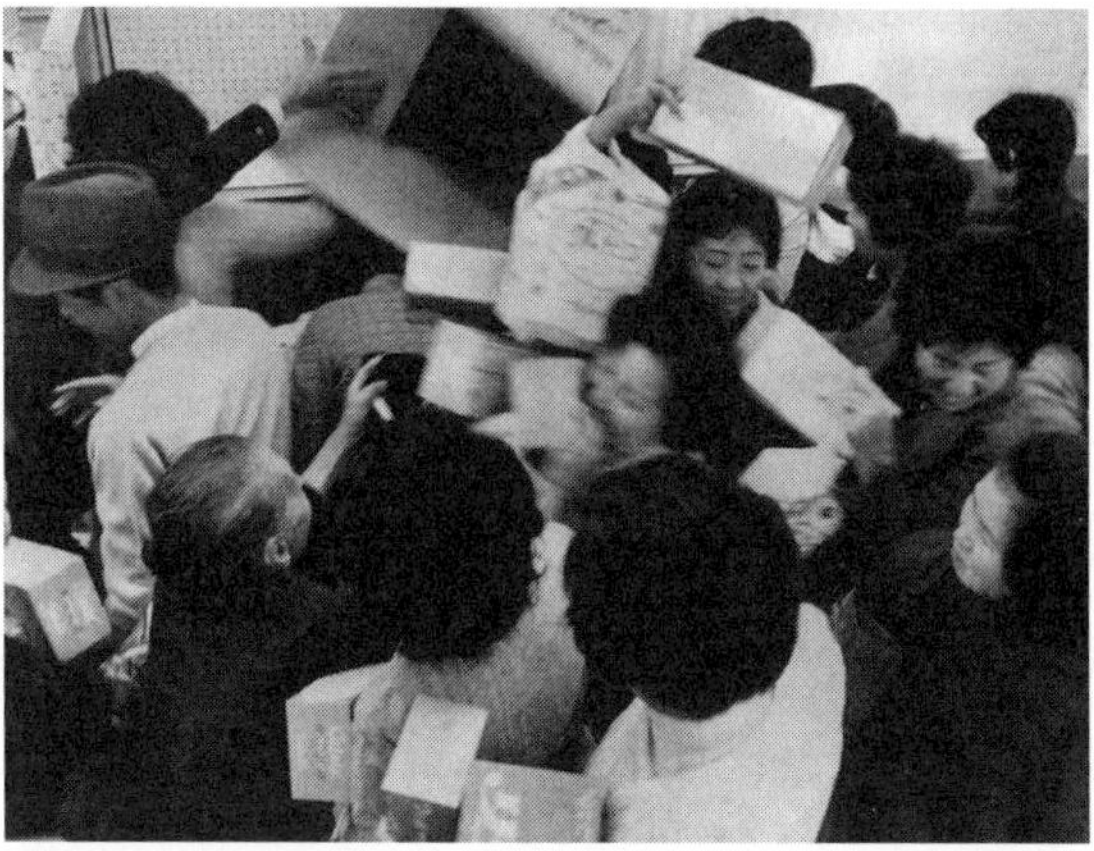

千里ニュータウンのスーパーでトイレットペーパーやティッシュペーパーを買い求める主婦たち。1973年11月1日撮影（写真提供／毎日新聞社）

## 千里ニュータウンのトイレットペーパー騒動

住宅の絶対的戸数不足が解消され、住宅戸数が世帯数を上回るのは、一九七三年度のことであった。この年を境に、「住宅問題は〝量より質〟という局面に入った」（『日本住宅公団史』、日本住宅公団、一九八一年）。奇しくも七三年にはオイルショックが起こり、七四年には戦後初めてのマイナス成長となった。高度成長期はここで終わったのである。

七三年には、時代の変わり目を示す象徴的な事件が起こっている。千里ニュータウンで起こったトイレットペーパー騒動である。

千里ニュータウンは、公団、大阪府、公社の三者が建設し、吹田市と豊中市にまたがる日本で初めてのニュータウンであり、六〇年代後半には七〇年に吹田市の千里丘陵で開かれる日本万国博覧会の会場視察を兼ねて、天皇や皇族の訪問が相次いだ。万博と皇室ブランドがあいまってニュータウンのイメージは上がり、六九年四月には大丸ピーコック（現・千里大丸プラザ）が、万博の開幕する七〇年三月には阪急百貨店が、それぞれ北大阪急行の終点となる千里中央に開店している。

七三年十月、オイルショックに伴う原油価格の引き上げの影響は日本にも及び、通産大臣の中曽根康弘は紙の節約を呼びかけた。十一月一日、大丸ピーコックが「紙がなくなる！」という広告を打ったところ、三〇〇人近い主婦の列ができ、二時間のうちにトイレットペーパー五百個が売り切れた。同様の騒動は、大丸ピーコックから九〇メートル離れた阪急百貨店でも起こっている。二日に入荷したトイレットペーパーも午前中で売り切れた。騒動は六日目でようやくおさまったが、トイレットペーパーの値段は倍以上になったままであった。

この騒動の背景に、団地特有の群衆心理が見てとれる。

千里ニュータウンのあるスーパーの店長は、「千里ニュータウンに住んでおられるお客様はレベルもだいぶ上だし、考える力にかけては人一倍なのではないでしょうか。どうか、くれぐれも買いだめはやめてほしい」（『千里タイムズ』七三年十一月十六日）と述べたが、「千里ニュータウンに住んでいる人人の家の広さは、ほとんどが2DKである。そして、水洗便所ときている。三・五人の家族だと、六十メートルの長さのトイレットペーパーだと、四つ入った一ロールは平均四、五日間でなくなってしまう」（勝田健「〈千里ニュータウン〉トイレットペーパー騒動顚末記」、『季刊中央公論経営問題』七四年春季号所収)。この条件はどの世帯も全く同じであったから、「紙がなくなる!」という脅し文句に抗《あらが》うのは非常に難しかった。

つまり、「質より量」を優先させてきた公団の戸数消化主義が、どこも同じような間取り、同じような家族構成ゆえに、「考える力にかけては人一倍」のはずなのに隣人の動向には敏感にならざるを得ない世帯を大量に生み出したのだ。七三年の千里ニュータウンでトイレットペーパー騒動が起こったのは、六〇年代の団地で家電製品やネグリジェが一気に普及したのと、まさに表裏一体の現象であったと見ることができる。

## 民間マンションの台頭

一九七三年以降、公団はなおも「量」にこだわり続けた。日本住宅公団の住宅供給戸数は五万三三七九戸を記録した七二年度がピークだったが、住宅・都市整備公団に改組される前年の八〇年までは、七六年度を除いて毎年三万戸以上を供給し続けた(前掲『戦後住宅政策の検証』)。

その結果、「遠・高・狭」という団地のイメージは、ますます大きくなった。七五年九月、埼玉県三郷《みさと》市に完成したみさと団地(賃貸六七二二戸、分譲二一四五戸、計八八六七戸)では、「高いフェンスで囲まれ、夜には階段灯も点灯されず、不気味な姿をさらしていた棟がかなりあり、住民はこれを『塩づけ団地』と呼んでいた」ため、「公団は、のちに分譲住宅二戸分をベランダで結んで不自然な一戸分住宅に改装して分譲するといった苦肉の策をうたざるをえなかった」という(『三郷市史』第七巻通史編Ⅱ、三郷市、一九九七年)。このような、建設されても入居者のいない公団住宅の戸数は、賃貸、分譲合わせて、八〇年度末に三万四二七九戸に達した(『朝日新聞』一九九七年三月十三日)。

住宅政策に詳しい本間義人は、次のように公団を厳しく批判している。

公団にとって不幸なことは、この間にわが国の住宅事情は、数のうえではいちおう1世帯一住宅に達している。相変わらず住宅困窮、最低居住水準未満世帯が存在するとは言え、国民の住宅需要は多様化しつつあった。その需要実態とかけ離れて、いくら戸数を建設・供給しても需要に応えることにはならない。一方、大手民間デベロッパーのほうは量から質へ、高度成長から低成長への転換を巧みになしとげて需要に応えていっているのに、公団はなお安易に質より量に固執していた(それは政府の要求であったが)ところに、この「遠・高・狭」の住宅が拡大生産されつづけた原因がある。これでは、公団住宅への入居者離れが起きるのは当然の帰結であった。(前掲『戦後住宅政策の検証』)

七〇年代、集合住宅は団地から大手民間デベロッパーの建設するマンションの時代へと移行しつつあった。都心の高額所得者向けマンションが売り出された六三―六四年の第一次マンションブームを経て、六八―六九年に第二次、七二―七三年に第三次、七七―七九年に第四次のマンションブームが起こり、大衆的な民間の大型マンションが大量に建設された。

これらのマンションは、団地よりも気密性にすぐれており、自治会や集会室はないのが当たり前であった。そもそも、建物区分所有法では八三年に改正されるまで「区分所有者による団体」の設立の規定がなかったため、たとえ管理組合ができても加入は強制的でなかった（前掲『集合住宅と日本人』）。したがって隣の住民が誰かわからないことも多く、よりいっそうプライバシーを保つことができた。

前述した日活ロマンポルノ「団地妻昼下がりの情事」では、浮気をした団地妻の相手が住んでいたのが「目黒マンション」であった。フォトグラファーの大山顕が指摘するように、夫に向かって「私だってずっと我慢してたのよ！　毎日毎日こんなコンクリートの箱の中で同じことの繰り返し。好きなものも食べず、欲しいものも買えない窮屈な収入。息が詰まりそうだわ！」といい放った妻は、都会的なマンションへと逃避するのだ（前掲『団地団』）。

## 「量」から「質」へ

団地のイメージが下がってきたことに危機感を抱いた公団は、七八年に新しい通達を出し、イメージ向上のために民間マンション同様、外国語を積極的に採用する方針を打ち出した。「エステート○○」「○○パークタウン」「○○サンハイツ」といった名称は、このときから始まる（金子淳「住宅・団地・ニュータウン」、『多摩のあゆみ』第一〇〇号、二〇〇〇年所収）。

八一年には、日本住宅公団が宅地開発公団と合併して住宅・都市整備公団となり、「住宅に困窮する勤労者のために」住宅建設を行うとした日本住宅公団法の一文が削られることで、「質」よりも「量」を優先させる団地の時代は名実ともに終わりを告げた。住宅・都市整備公団は生き残りを図るべく、分譲住宅の開発に乗り出したが、行き詰まりを救ったのは八〇年代後半からのバブル景気による地価・住宅価の高騰であった。空き家や未入居の住宅は埋まり、新築の分譲住宅には入居希望者が殺到した。八八年に多摩ニュータウンの稲城・向陽台地区に建設した一般分譲住宅(一九戸)は、平均で八八九倍、最高で二四一一倍に達した(『多摩ニュータウンタイムズ』八八年三月一日)。

また八九年には、公団に続いて東京都と都住宅供給公社が共同で多摩ニュータウン南大沢地区に開発した建物付宅地「四季の丘」の倍率が、最高で四七〇六倍となり、平均でも七六四倍に達している。「民間の物件に較べて超安値」であったためだが、それでも価格は「約五千六百万円から七千七百万円」もした(同、八九年十一月一日)。

住宅・都市整備公団は、従来のような賃貸と分譲が交じった団地を開発する場合でも、質を重視したモデル住宅地づくりを目指すようになる。千葉県浦安市で八八年三月から入居が始まった「フォーラム海風の街」や、九〇年代に相次いで入居が始まった「夢海の街」「望海《のぞみ》の街」「海園の街」は、その代表的な例である(『浦安市史』まちづくり編、浦安市、一九九九年)。

しかし九九年には、公団が分譲住宅の建設から撤退した。さらに住宅金融公庫が住宅金融支援機構となり、住宅取得のための公的な直接の融資も打ち切られた。すべては民間の不動産業や住宅産業の活性化のためであった（安野彰「集合住宅団地のルーツを辿る」、志岐祐一他『世界一美しい団地図鑑』、エクスナレッジ、二〇一二年所収）。

## 高齢化による衰退と建て替え問題の浮上

前述のように、団地のサイズは家族のサイズを決定した。そのサイズは、夫がサラリーマン、妻が専業主婦で、子供が二人の核家族が標準であった。こうした家族は、団地ができるや、同時期にいっせいに入居するが、やがて子供が大きくなれば、団地から出て行くことになる。最終的には、四人が二人に半減するわけだ。

こうして九〇年代になると、初期に建設された大団地ばかりか、ニュータウンでも住民の減少と高齢化が進んだ。少子化はこの傾向にいっそう拍車をかけた。ニュータウンほど少子化の影響は顕著で、多摩市の多摩ニュータウンでは一九九四年から小中学校の統廃合が進み、小学校が十八から十二に、中学校が十から七に減少した。児童生徒数は半分以下になった（『ザ・ニューキー』二〇〇九年十月三十一日）。

住民の減少と高齢化に伴い、自治会も活動の停滞と加入率の低下という問題に悩まされるようになる。例えば、草加松原団地の自治会が発行する『会報まつばら』九一年三月十日には、次のような記事が掲載されている。

組織部では、昨年12月より3ケ月間を自治会役員・会員拡大運動月間として、自治会の存続、組織強化にむけて取り組んできました。

署名、カンパなど回覧を依頼する協力者は十数名になりますが、新たに役員を引き受けてくださる方はいませんでした。

もはや自治会の加入率低下どころか、存続そのものが危うくなっているわけだ。八九年のベルリンの壁崩壊に伴う東西冷戦の終結と社会主義の凋落《ちょうらく》が、九〇年代における革新政党の退潮や労働組合の組織率の低下を招いたばかりか、団地自治会の活動にも影響を与えたことは否定できないだろう。

団地では、四人いた家族が二人になり、さらに一方が亡くなって一人になる傾向が増大しつつあった。草加松原団地でも、九三年には六十歳以上の居住者のうち、二人住まいが四五・六%、一人住まいが二六・六%というアンケート結果が出ている(『会報まつばら』九三年七月二十日)。ここで進行していたのは、家族がバラバラの個に解体されるばかりか、団地というコミュニティそのものまでも解体されるという深刻な事態であった。

相次ぐ転居者や入居者の死去とともに、空き家も増えつつあった。

同時に浮上するのは、エレベーターがなく、高齢者には住みづらくなった団地の建て替えという問題であった。

本書で取り上げた香里団地、多摩平団地、ひばりヶ丘団地、高根台団地のうち、多摩平団地では建て替え指定の前年にあたる九六年十一月から自治会、日野市と住宅・都市整備公団（九九年より都市基盤整備公団。二〇〇四年よりＵＲ）を合わせた三者が勉強会を百回以上も開きつつ建て替えを進め、そのほとんどが高層棟からなる「多摩平の森」となった（前掲『団地再生』、多摩平・建て替え三者勉強会編『建て替え三者勉強会・第１００回記念多摩平団地での取り組み』、独立行政法人都市再生機構東日本支社業務第二部、二〇〇七年）。香里団地、ひばりヶ丘団地、高根台団地、そして二〇一二年十一月に「まちびらき五十年」を迎える千里ニュータウンでも建て替えが進んでおり、建て替えられた棟はやはり高層アパート化した。多摩ニュータウンで初めての建て替えとなる全戸分譲の諏訪二丁目団地も、二〇一三年には全七棟からなる民間分譲の高層マンション「Ｂｒｉｌｌｉａ多摩ニュータウン」として生まれ変わる予定である。

建築家の増永理彦は、建て替えが住民どうしの出会いの場や団地内の親密な雰囲気を減少させ、住民に他人を拒むような硬い一面を感じさせるなどの問題があると指摘している（前掲『団地再生』）。もちろん、この問題は多摩平団地の「三者勉強会」でも十分に認識され、二〇〇三年には南集会所と管理事務所の跡地にコミュニティ中核施設「多摩平ふれあい館」が開館し、住民の交流の場となっている。しかし一般的には、建て替えによりエレベーターが完備されるなど、バリアフリー化が進む一方で、民間マンション並みに気密性が高まって隣や上下階との壁はますます厚くなり、コンクリートやその影の占める面積は大きくなり、コミュニティの解体がいっそう進む可能性が高くなる。性の問題を除いて、「高島平化」が進むのである。

## 建て替えを拒絶する団地

そのなかで、例外的な団地がいくつかある。

東急田園都市線の二つの主要駅、たまプラーザと青葉台に隣接するたまプラーザ団地と田園青葉台団地は、公団が六〇年代後半に建設した団地である。一戸建主体の多摩田園都市に合わせて総戸数をそれぞれ一二五四戸、四三六戸におさえ、3LK、3LDK主体の全戸分譲にしたことが幸いして住民の高齢化が進まず、子育ての最中にあたる二、三十代の夫婦に根強い人気を保っている。空き家はほとんどなく、3LKで二千五百万円前後と、築四十年以上の団地にしては破格に高額ながら、入居待ちの状態が続いている。同じ全戸分譲の多摩ニュータウン諏訪二丁目団地よりも前に建てられたにもかかわらず、具体的な建て替えの話は出ていない。

魅力の原因はいろいろある。人気の田園都市線沿線にあり、駅からごく近いのに桜やツツジ、あじさい、紅葉、ジンチョウゲなど、四十数年の間に育った四季折々の自然が豊かなこと。遊具や公園に恵まれ、休日には自動車の通行も規制され、子供を安心して遊ばせられること。いずれも、民間の分譲マンションにはない団地の魅力と映っているようである。

さらに驚くべきは、常盤平団地である。会長の中沢卓実を中心とする自治会は、公団の初期に建設された賃貸の大団地では唯一、九〇年代から建て替えに反対の姿勢を貫いてきた（前掲『団地が死んでいく』）。ドイツのベルリンでは、八十～百年近くにわたってコンクリートの団地が大切に保存され、世界遺産にまで登録されているのを踏まえれば、わずか三十年程度で建て替えの話が持ち上がるのはおかしいという自治会の主張にも十分な理がある。ほかの大団地ほど共産党の影響が強くなかったことが、冷戦が終わり、社会主義が凋落する九〇年代になっても公団と闘う自治会活動を維持するうえで有利に作用したのは間違いない。

常盤平団地が一躍脚光を浴びたのは、二〇〇五年九月にNHKスペシャル「ひとり団地の一室で」が放映され、「孤独死」の問題に取り組む自治会の姿が紹介されてからであった。

二〇〇一年と〇二年に、常盤平団地では一人暮らしの男性の孤独死が相次いで発見された。これをきっかけに、自治会は「孤独死一一〇番」と称して緊急時に関係者が連絡し合うシステムを整備し、二〇〇二年から〇四年にかけて、毎年「『孤独死』を考えるシンポジウム」を開催した。二〇〇四年には全国で初めて「まつど孤独死予防センター」が開設された。建て替えを拒む公団の古い大団地が、二一世紀の日本で深刻化する孤独死に真っ先に取り組み、次々と成果を上げ、日本国内ばかりか世界からも注目を浴びるようになるのである（中沢卓実『孤独死ゼロ作戦』、結城康博監修、本の泉社、二〇〇八年）。

二〇〇七年には、自治会は常盤平団地の商店街の一角に「いきいきサロン」を開設し、利用料百円でコーヒーや昆布茶を無料で提供するなど、一人で閉じこもりがちな住民どうしの交流の場とした。ここでは団地が時代遅れになるどころか、少子高齢化社会のモデルになっており、緑豊かな自

**ひばりヶ丘団地の「減築」の様子**（写真提供／UR都市機構）

然のなかで「老人が安心して暮らせる団地」として入居希望者が殺到している（「特集ニッポンの団地」、『週刊ダイヤモンド』二〇〇九年九月五日号所収）。

**建て替えの進む団地での取り組み**

建て替えの進む団地でも、注目すべき取り組みが始まっている。

高根台団地では、高齢化対策にいち早く取り組み、九二年五月に「高根台たすけあいの会」が設立された。たすけあいの会は、団地の建て替えに伴うコミュニティの解体に危機感を抱き、高根台地区社会福祉協議会とともに新集会所「ティールームきんもくせい」を開設した。二〇〇九年には、小規模多機能型の介護施設兼高齢者専用賃貸住宅「つどいの家」も開設され、高齢者の交流の場となっている。同じ新京成沿線の常盤平団地を意識していないといえば嘘になるだろう。

千葉県柏市の豊四季台団地では、UR、柏市、東京大学柏キャンパスの三者が一体となり、在宅のまま医療や介護のサービスが受けられる「地域包括ケアシステム」に取り組んでいる。二〇一二年二月には、このシステムを税と社会保障の一体改革の柱と見なす野田佳彦首相が視察に訪れ、住民と意見交換している。

ひばりヶ丘団地では、住民が立ち退いて空き家となった中層フラット型四階建の三棟を使って、URが一棟あたりの戸数を減らす「減築」の実験を行っている。従来のような建て替えによる増築や高層化ではなく、四階建のまま、あるいは三階建に減らしてリニューアルしようという試みである。隣り合う二つの世帯を合同して一つにしたり、上下階を一つにしてメゾネット形式にしたりして、床面積を拡大させ、屋内のバリアフリーにも力を入れている。

エレベーターをあえて設置しなかったり、住棟内に共有スペースとして広い集会場をつくったりするなど、コミュニティを解体させない工夫も凝らされている。従来の団地では、集会所が全体で一カ所かせいぜい数カ所しかなかったのを踏まえれば、一つの棟に住民全員を集めることができるスペースを設けたことは、画期的な意義をもっている。

## 「地域社会圏」と団地

建築家の山本理顕は、プライバシーとセキュリティこそが重要だとする戦後復興住宅は、「一つの住宅に一つの家族が住む」という住み方を唯一のモデルにしてきたとし、この「一住宅＝一家族」モデルを行き渡らせたのが公団住宅や公共住宅、すなわち団地であったと断ずる。そして、このモデルに代わるべきものとして、「地域社会圏」モデルを提唱する。

山本の提唱する「地域社会圏」は、必ずしも家族を前提とせず、プライバシーやセキュリティよりも住民全体の相互関係、相互扶助を中心原理とし、専有と共用の面積比を変えて共用部を大きくする。そのために従来の家を、外に向かってガラス張りの「見世」とプライバシー重視の「寝間」に分かれた「イエ」に変え、トイレやシャワーやキッチンは共有にするとしている（前掲『地域社会圏主義』）。共同の浴室や食堂があった同潤会アパートを見直さなければならないとしているのも、このためだろう。

山本理顕の大胆な提案は、二〇一一年に多摩平団地に残っていた四階建フラットタイプ二棟を改造し、約一四〇戸のシェアハウスにした「りえんと多摩平」に取り入れられている。「入居者は20～30代の会社員や学生が中心だ。若者を中心に広がる新しい住まいの形。共同キッチンやウッドデッキには住民がつどう」（『朝日新聞』二〇一二年六月十五日）。オートロックのあるマンションやアパートよりも、より開かれた空間に改造された団地のほうを好む若年層が現れ始めていることに注目しなければならない。

この「りえんと多摩平」に比べれば、各団地で進められている再生の試みはまだ「一住宅＝一家族」モデルの枠内にあり、いかにも中途半端に見えてしまう。しかし繰り返しになるが、当の団地住民自身、決してプライベートな空間に規定された「一住宅＝一家族」モデルに満足していたわけではない。「政治」が「空間」を作り出したのが旧ソ連や東欧の集合住宅だったとすれば、逆に

「空間」が「政治」を作り出したのが日本の団地だったのだ。山本理顕が「私はどんなに抽象化しても空間は残るものだと思っています」と述べたのに対して、社会学者の上野千鶴子が「建築家は空間に縛られていると思います」と答えたのは、その意味では首肯できる（上野千鶴子『家族を容れるハコ　家族を超えるハコ』、平凡社、二〇〇二年）

本書で縷々明らかにしてきたような各団地での自治会や居住地組織の多様な活動は、「私生活主義」におさまらない「地域自治」の意識を目覚めさせるとともに、プライベートな空間の集合体である団地と社会主義の親和性をあぶり出した。それが「私生活主義」へと大きく傾くのは、一方で高島平団地のようにエレベーター付きの高層棟が主流となり、他方で多摩ニュータウンに代表されるニュータウンの時代が本格的に訪れる七〇年代になってからだ。

五〇年代から七〇年代にかけて、コンクリートの壁を打破するために住民が取り組んできた団地の政治思想史から学ぶべきものは多いはずである。

団地の時代はまだ終わったわけではない。東日本大震災の被災地に建てられた仮設住宅という名の集合住宅で、集会所や共有スペースが欠くべからざる役割を果たしているのを見るにつけ、ますますその感を深くする。なかでも注目すべきは、建築家の伊東豊雄や山本理顕、隈研吾らにより結成された「帰心の会」が中心となり、東北各地に建設されつつある共有スペース「みんなの家」であろう。団地再生の取り組みと「地域社会圏」の接点を見いだすべく、建築学と政治学はより一層の連携を深めていかなくてはならないと思う。

# 参考文献

## ■団地関係史資料

### ①新聞・雑誌

『公団の住宅』　住宅問題研究会が発行する公団の情報誌、国立国会図書館所蔵
『いえなみ』　日本住宅公団総務部が発行する月刊誌、同
『日本だんち新聞』　西北本社が刊行する新聞、同
『ザ・ニューキー』　団地通信が発行するフリーペーパー、著者私蔵
『香里団地自治会報』（後の『香里団地自治会新聞』）　香里団地の自治会が発行する新聞、枚方市立中央図書館所蔵
『香里めざまし新聞』　「香里ヶ丘文化会議」の会報、同
『香里団地新聞』　香里団地新聞社が発行するタウン紙、同
『千里山タイムス』（後の『千里タイムズ』）　千里ニュータウンを中心としたタウン紙、吹田市立中央図書館所蔵
『たきやま』　滝山団地の自治会報、滝山団地自治会所蔵
『たきやま速報』　同右、同
『滝山団地自治会準備会ニュース』　『たきやま』の前身、同
『たかね』　高根台団地の自治会報、高根台団地自治会所蔵
『自治会ニュース』（後の『多摩平自治会ニュース』）　多摩平団地の自治会報、日野市役所所蔵
『団地新聞・高島平』　高島平団地の住民向けタウン紙、板橋区立高島平図書館所蔵
『多摩ニュータウンタイムズ』　多摩ニュータウンを中心としたタウン紙、多摩市立図書館行政資料室所蔵
『ときわだいら』　常盤平団地の自治会報、常盤平団地自治会所蔵
『常盤平新聞』　『ときわだいら』の前身、同

『常盤平団地自治会号外』『ときわだいら』の号外、同
『ひばりヶ丘保育しんぶん』「ひばりヶ丘保育の会」の会報、ひばりヶ丘団地自治会所蔵
『ひばり』「ひばりヶ丘団地親睦会」およびひばりヶ丘団地自治会の会報、同
『ひろば』「ひばりヶ丘民主主義を守る会」の会報、西東京市立中央図書館所蔵
『守る会ニュース』「ひばりヶ丘民主主義を守る会」の会報、日本共産党中央委員会付属社会科学研究所所蔵
『会報まつばら』　草加松原団地の自治会報、獨協大学地域総合研究所所蔵
『朝日新聞』
『毎日新聞』 ｝全国紙
『読売新聞』
『赤旗』『アカハタ』　日本共産党の機関紙
『新婦人しんぶん』　新日本婦人の会の機関紙
『婦人民主新聞』　婦人民主クラブの機関紙
『聖教新聞』　創価学会の機関紙
『週刊朝日』
『週刊新潮』 ｝週刊誌
『週刊現代』

## ②その他

『アパート団地居住者の社会心理学的研究』その2、日本住宅公団建設部調査研究課、一九六一年
『アパート団地居住者の社会心理学的研究』その3、日本住宅公団建設部調査研究課、一九六三年
白水清子『あゆみ　保育の会創立一三周年幼児教室開設　十周年記念文集』、ときわ平保育の会、一九七四年
佐藤榮作著、伊藤隆監修『佐藤榮作日記』第二巻、朝日新聞社、一九九八年
新京成電鉄社史編纂事業局編『新京成電鉄五十年史』、新京成電鉄、一九九七年
『１９９２年入居30周年特集号　高根台団地』、高根台団地自治会、一九九二年

多摩平・建て替え三者勉強会編『建て替え三者勉強会・第100回記念多摩平団地での取り組み』、独立行政法人都市再生機構東日本支社業務第二部、二〇〇七年
『たまだいら　多摩平自治会20年史』、20年史編集委員会・多摩平自治会役員会、一九八〇年
『団地建設と市民生活』(団地白書)、町田市、一九七六年
『東京の生協運動史』、東京都生活協同組合連合会、一九八三年
遠山啓『遠山啓著作集』別巻1、太郎次郎社、一九八三年
中沢卓実編『常盤平団地50周年記念誌　ふるさと常盤平』、常盤平団地自治会、二〇一〇年
『日本住宅公団10年史』、日本住宅公団、一九六五年
『日本住宅公団20年史』、日本住宅公団、一九七五年
『日本住宅公団史』、日本住宅公団、一九八一年
『ひばりヶ丘自治会40周年記念』、ひばりヶ丘団地自治会、二〇〇一年
松戸の女性のあゆみ編纂プロジェクト編『松戸の戦後をかけぬけた女性たち』、まつど女性会議、二〇〇九年
「皇太子、美智子妃殿下、六日団地を御視察　お迎えは整然と、秩序正しく」ビラ
「第六回まつばらだんち祭」パンフレット　獨協大学地域総合研究所所蔵

## ■自治体・選挙関係史資料

『上尾市史』第七巻、通史編(下)、埼玉県上尾市、二〇〇一年
『板橋区史』通史編下巻、板橋区、一九九九年
『浦安市史』まちづくり編、浦安市、一九九九年
『清瀬市史』、清瀬市、一九七三年
『田無市史』第三巻、近代・現代史料編、田無市、一九九二年
『千葉県の歴史』通史編近現代3、千葉県、二〇〇九年
『千葉県議会史　議員名鑑(第三版)』、千葉県議会、一九九九年

『日野市史』通史編四近代（二）現代、日野市史編さん委員会、一九九八年
『枚方市史』第五巻、枚方市、一九八四年
『戦後船橋と市職労の50年』上巻、船橋市役所職員労働組合、一九九七年
『船橋半世紀の歩み』、船橋市、一九八七年
『町田市史』下巻、町田市、一九七六年
『町田市教育史』下巻、東京都町田市教育委員会、一九九〇年
『三郷市史』第七巻通史編Ⅱ、三郷市、一九九七年
『衆議院議員総選挙最高裁判所裁判官国民審査結果調』、大阪府選挙管理委員会、一九六一年／一九六四年／一九六七年／一九七〇年／一九七三年
『昭和41年日野市事務報告書』、日野市役所、一九六七年
『昭和38年11月21日執行衆議院議員総選挙選挙結果調』、千葉県選挙管理委員会、一九六四年
『昭和44年12月27日執行衆議院議員総選挙選挙結果調』、千葉県選挙管理委員会、一九七〇年
『昭和33年5月22日執行衆議院議員総選挙の記録』、東京都選挙管理委員会、一九五八年
『昭和35年11月20日執行衆議院議員総選挙の記録』、東京都選挙管理委員会、一九六一年
『昭和38年11月21日執行衆議院議員総選挙の記録』、東京都選挙管理委員会、一九六四年
『昭和42年1月29日執行衆議院議員総選挙の記録』、東京都選挙管理委員会、一九六七年
『昭和44年12月27日執行衆議院議員総選挙の記録』、東京都選挙管理委員会、一九七〇年
『昭和47年12月10日執行衆議院議員総選挙の記録』、東京都選挙管理委員会、一九七三年
『昭和51年12月5日執行衆議院議員総選挙の記録』、東京都選挙管理委員会、一九七七年
『昭和45年3月1日執行日野市議会議員選挙の記録』、日野市選挙管理委員会、一九七〇年
『選挙の記録』、東久留米市選挙管理委員会、一九八六年
『選挙の記録』、船橋市選挙管理委員会、一九八八年
『全地方議会女性議員の現状』、市川房枝記念会出版部、二〇〇三年

「西武沿線にひろがる運賃値上げ反対の市民運動」、『地方自治資料』一五二号、一九六一年
『久留米町広報』一九六三年五月一日
『市議会報保谷』一九六七年五月二十五日
『広報まつど』一九六二年十二月十日
日野市観光協会ホームページ

## ■住宅・団地に関する刊行物・研究書

秋山駿『舗石の思想』、講談社文芸文庫、二〇〇二年
東浩紀・北田暁大『東京から考える』、NHKブックス、二〇〇七年
有泉亨編『集団住宅とその管理』、東京大学出版会、一九六一年
有泉亨編『ヨーロッパ諸国の団地管理』、東京大学出版会、一九六七年
上田耕一郎『私の戦後史』、日本共産党東京都委員会、一九七四年
上野千鶴子『家族を容れるハコ　家族を超えるハコ』、平凡社、二〇〇二年
内田隆三『国土論』、筑摩書房、二〇〇二年
NPO団地再生研究会他『団地再生まちづくり』『団地再生まちづくり2』『団地再生まちづくり3』、水曜社、二〇〇六年、二〇〇九年、二〇一二年
大山顕・佐藤大・速水健朗『団地団』、キネマ旬報社、二〇一二年
大山眞人『団地が死んでいく』、平凡社新書、二〇〇八年
岡巧『これぞ人間試験場である』、たいまつ社、一九七四年
落合恵美子『21世紀家族へ』、有斐閣選書、一九九四年
神山光信・馬飼野元宏編『僕たちの大好きな団地』、洋泉社MOOK、二〇〇七年
小泉和子・高藪昭・内田青蔵『占領軍住宅の記録』上下、住まいの図書館出版局、一九九九年
佐藤滋『集合住宅団地の変遷』、鹿島出版会、一九八九年

志岐祐一他『世界一美しい団地図鑑』、エクスナレッジ、二〇一二年
祐成保志『〈住宅〉の歴史社会学』、新曜社、二〇〇八年
生活科学調査会編『増補　団地のすべて』、ドメス出版、一九七三年
滝いく子『団地ママ奮闘記』、新日本新書、一九七六年
竹井隆人『集合住宅と日本人』、平凡社、二〇〇七年
竹井隆人『集合住宅デモクラシー』、世界思想社、二〇〇五年
竹中労『団地七つの大罪』、弘文堂、一九六四年
照井啓太・長谷聰『団地ノ記憶』、洋泉社、二〇〇八年
東京急行電鉄株式会社田園都市事業部編『多摩田園都市――開発35年の記録』、東京急行電鉄、一九八八年
同潤会江戸川アパートメント研究会編『同潤会アパート生活史』、住まいの図書館出版局、一九九八年
中沢卓実著、結城康博監修『孤独死ゼロ作戦』、本の泉社、二〇〇八年
西川祐子『住まいと家族をめぐる物語』、集英社新書、二〇〇四年
日本経済新聞地方部編『団地を考えなおす』、日経新書、一九七四年
橋本健二『「格差」の戦後史』、河出ブックス、二〇〇九年
橋本健二『階級都市』、ちくま新書、二〇一一年
長谷川一『アトラクションの日常』、河出書房新社、二〇〇九年
原武史『滝山コミューン一九七四』、講談社、二〇〇七年／講談社文庫、二〇一〇年
原武史・重松清『団地の時代』、新潮選書、二〇一〇年
原武史『レッドアローとスターハウス――もうひとつの戦後思想史』、新潮社、二〇一二年
平山洋介『住宅政策のどこが問題か』、光文社新書、二〇〇九年
平山洋介『都市の条件』、NTT出版、二〇一一年
舟越健之輔『箱族の街』、新潮社、一九八三年
本間義人『戦後住宅政策の検証』、信山社出版、二〇〇四年

本間義人『居住の貧困』、岩波新書、二〇〇九年
増永理彦『団地再生』、クリエイツかもがわ、二〇〇八年
松村秀一『「住宅」という考え方』、東京大学出版会、一九九九年
松村秀一『団地再生』、彰国社、二〇〇一年
三浦展『郊外はこれからどうなる?』、中公新書ラクレ、二〇一一年
光成秀子『戸坂潤と私』、晩聲社、一九七七年
諸田達男追悼集編集委員会『葉は落ちてもやがて緑はぐくむ――諸田達男追悼集』、せせらぎ出版、一九九七年
山本理顕他『地域社会圏主義』、INAX出版、二〇一二年
米原万里『嘘つきアーニャの真っ赤な真実』、角川書店、二〇〇一年
読売新聞社会部編『われらサラリーマン』、読売新聞社、一九六一年
デイヴィッド・リースマン、イーヴリン・リースマン著、加藤秀俊・鶴見良行訳『日本日記』、みすず書房、一九六九年
綿貫譲治『日本の政治社会』、東京大学出版会、一九六七年
若林幹夫『郊外の社会学』、ちくま新書、二〇〇七年

## ■住宅・団地に関する論文・評論

赤松宏一「国立町における町政刷新運動」、『都政』、一九六一年三月号
秋山駿「静かな日常の幻想」、『週刊読書人』、一九七九年二月二十六日
秋山駿「市民は『政府の玩具』」、『週刊読書人』、一九八〇年二月二十五日
浅井民雄「〝車を捨てよう〟――多摩ニュータウンに住むY君への手紙」、『丘』第三号、一九七三年
磯村英一「団地社会形成の社会学的意義」、『都市問題研究』第一二巻第九号、一九六〇年
梅田美代子「ある地域住民運動の歴史」、『歴史評論』、一九七二年一月号

大淵和夫「香里ヶ丘文化会議」、思想の科学研究会編『共同研究　集団』、平凡社、一九七六年
開高健「巨大なアミーバーの街で」、『展望』、一九六七年六月号
金子淳「住宅・団地・ニュータウン」、『多摩のあゆみ』第一〇〇号、二〇〇〇年
上坂冬子「香里」、『朝日ジャーナル』、一九六二年七月一日号
川添登「ダイニング・キッチン」、『アサヒグラフ』、二〇〇〇年九月二十二日号
小寺廉吉「『団地』の諸問題とその系譜」、『地理』、一九六四年二月号
後藤茂他「団地永住者は訴える」、『中央公論』、一九六六年八月号
小林律子「船橋・高根台団地自治会の学習文化活動」、『月刊社会教育』、一九七六年一月号
今東光・杉山幹之助「人呼んで『ニュータウン』」、『いえなみ』、一九六〇年四月号
斎藤健一「団地のなかの保育運動」一、二、『月刊社会教育』、一九六一年七・八月号
城侑「手をとりあう婦人たち――暮らしのなかで」、『月刊学習』、一九七三年七月号
杣正夫「団地社会の政治態度――千葉県船橋市高根台団地自治会活動を中心にして」、『都市問題研究』第一六巻第五号、一九六四年
高島平吾「団地の年齢」、『東京人』、一九九二年二月号
多田道太郎「つきあいの荒地、団地生活」、『婦人公論』、一九六一年二月号
内藤寿子「サルトルとボーヴォワール、団地へ行く」、『未来』四八〇号、二〇〇六年
内藤寿子「サルトルとボーヴォワール、保育所へ行く」、『未来』四八二号、二〇〇六年
西山夘三「生活革新のヴィジョン」、『展望』、一九六六年十一月号
波田行三「日野多摩平団地自治会」、『都政』、一九六一年三月号
樋口謹一「根無し草と運動体」、『思想の科学会報』五七号、一九六八年
松下圭一「シビル・ミニマムの思想」、『展望』、一九七〇年五月号
松田解子「『こんなちっちゃな子を連れて…』――東京都東久留米市の滝山団地をたずねる」、『月刊学習』、一九七四年十二月号

松原弘典「『表現なし』という『表現』」、『武蔵野美術』一〇七号、一九九八年
村中義雄「高島平の社会像」、『高島平——その自然・歴史・人』、板橋区立郷土資料館、一九九八年
森岡清美ほか「東京近郊団地家族の生活史と社会参加」、『社会科学ジャーナル』第7号、一九六八年
「東京における地域活動のすすめ」、『都政』、一九六一年三月号

## ■その他の刊行物・論文

網野善彦『日本社会の歴史』下、岩波新書、一九九七年
荒岱介『新左翼とは何だったのか』、幻冬舎新書、二〇〇八年
井上章一『夢と魅惑の全体主義』、文春新書、二〇〇六年
上田耕一郎『戦後革命論争史』上巻・下巻、大月書店、一九五六～五七年
上田耕一郎『マルクス主義と平和運動』、大月書店、一九六五年
上田耕一郎・不破哲三『マルクス主義と現代イデオロギー』上、大月書店、一九六三年
上田七加子『道ひとすじ』、中央公論新社、二〇一二年
臼井吉見『安曇野』第五巻、筑摩書房、一九七四年
大澤真幸『不可能性の時代』、岩波新書、二〇〇八年
小熊英二『〈民主〉と〈愛国〉』、新曜社、二〇〇二年
小熊英二『1968』上、新曜社、二〇〇九年
小倉英敬『八王子デモクラシーの精神史』、日本経済評論社、二〇〇二年
北河賢三他編『風見章日記・関係資料1936—1947』、みすず書房、二〇〇八年
30年のあゆみ編集委員会編『30年のあゆみ』、日本ポリオ研究所、一九九九年
思想運動研究所編『日本共産党系団体要覧1981年版』、全貌社、一九八一年
島村喜久治『院長日記』、筑摩書房、一九五三年
下川耿史編『増補版　昭和・平成家庭史年表——1926→2000』、河出書房新社、二〇〇一年

すかいらーく二十五年史編纂委員会『いらっしゃいませ——すかいらーく25年のあゆみ』、すかいらーく、一九八七年
高見順『敗戦日記』、中公文庫、二〇〇五年
高見澤昭治『無実の死刑囚　三鷹事件竹内景助』、日本評論社、二〇〇九年
竹内好『竹内好全集』第十六巻、筑摩書房、一九八一年
多田道太郎『多田道太郎著作集』2、筑摩書房、一九九四年
多田道太郎『複製芸術論』、勁草書房、一九六二年
多田道太郎・安田武『関西　谷崎潤一郎にそって』、ちくまぶっくす、一九八一年
玉野和志『創価学会の研究』、講談社現代新書、二〇〇八年
壺井栄『壺井栄全集』11、文泉堂出版、一九九八年
中西健一『戦後日本国有鉄道論』、東洋経済新報社、一九八五年
中野区企画部企画課編『平和の祈りを次代へ』、中野区、一九九三年
日本民営鉄道協会編『大手民鉄の素顔』、日本民営鉄道協会、一九八〇年
野田正穂ほか編『多摩の鉄道百年』、日本経済評論社、一九九三年
原武史『皇居前広場』、光文社新書、二〇〇三年／増補版はちくま学芸文庫、二〇〇七年
原武史『「民都」大阪対「帝都」東京』、講談社選書メチエ、一九九八年
不破哲三『不破哲三　時代の証言』、中央公論新社、二〇一一年
丸浜江里子『原水禁署名運動の誕生』、凱風社、二〇一一年
三浦展『団塊世代の戦後史』、文春文庫、二〇〇七年
御厨貴『権力の館を歩く』、毎日新聞社、二〇一〇年
森谷英樹『私鉄運賃の研究』、日本経済評論社、一九九六年
由井常彦編『セゾンの歴史』上巻、リブロポート、一九九一年
吉見俊哉『親米と反米』、岩波新書、二〇〇七年

J・J・ルソー著、桑原武夫・前川貞次郎訳『社会契約論』、岩波文庫、一九五四年
『数字でみた国鉄』、日本国有鉄道広報部、一九五八～六七年
勝田健「〈千里ニュータウン〉トイレットペーパー騒動顚末記」、『季刊中央公論経営問題』、一九七四年春季号
久野収「市民として哲学者として」、佐高信編『久野収集』V、岩波書店、一九九八年
篠原一・宮崎隆次「戦後改革と政治カルチャー」、東京大学社会科学研究所編『戦後改革1　課題と視角』、東京大学出版会、一九七四年
高田なほ子「今日の婦人議員像――その役割」、『月刊社会党』一二六、一九六七年
竹中労「エライ人を斬る」、『週刊読売』、一九七〇年九月十一日号
鶴見俊輔「前の編者のこと」、思想の科学研究会編『新版哲学・論理用語辞典』、三一書房、一九九五年
野坂参三「日本共産党第八回大会中央委員会の政治報告」、『前衛』、一九六一年九月臨時増刊号
樋口謹一「べ平連――学生と市民の間」、『中央公論』、一九六八年十一月臨時増刊号
樋口謹一「ルソーのパトリオチスム」、『ルソー論集』、岩波書店、一九七〇年
丸山眞男「超国家主義の論理と心理」、『増補版　現代政治の思想と行動』、未來社、一九六四年
「新市民層の意識」、『朝日ジャーナル』、一九六六年十二月四日号
「戦後ベストセラー物語」、『朝日ジャーナル』、一九六六年十月三十日
「団地の人間関係学」、『朝日ジャーナル』、一九六一年六月十八日号
「特集ニッポンの団地」、『週刊ダイヤモンド』、二〇〇九年九月五日号
「日本共産党第八回大会中央委員会の政治報告」、『前衛』、一九六一年九月臨時増刊号
「日本共産党の団地政策」、『前衛』、一九七二年九月臨時増刊号
「『民主連合政府綱領についての日本共産党の提案』について」、『前衛』、一九七四年一月臨時増刊号
『声なき声のたより』「声なき声の会」の会報
『日本読書新聞』日本出版協会が発行する書評新聞
『みどり新聞』　横浜市緑区のタウン紙

『西武』西武鉄道の機関紙
『西武運賃値上げ反対連絡会ニュース』　西武運賃値上げ反対連絡会会報
『西友』西武鉄道従業員組合機関紙

# あとがき

横浜市の田園青葉台団地、たまプラーザ団地、奈良北団地、左近山団地、洋光台中央団地、洋光台北団地、洋光台南団地、公社若葉台団地、川崎市のサンラフレ百合ヶ丘（元の百合ヶ丘団地）、北区の赤羽台団地、板橋区の高島平団地、練馬区の光が丘団地、新宿区の都営百人町四丁目アパート（元の戸山団地）、杉並区の阿佐ケ谷住宅、町田市の町田山崎団地、藤の台団地、西東京市のひばりが丘団地、東久留米市のひばりが丘団地、東久留米団地、滝山団地、公社久留米西団地、日野市の多摩平団地、多摩市の多摩ニュータウン永山団地、同諏訪団地、同都営諏訪団地、国立市の国立富士見台団地、小金井市の公社小金井本町団地、小平市の小平団地、東村山市のグリーンタウン美住（元の久米川団地）、東大和市の都営東京街道アパート（元の東京街道団地）、武蔵村山市の都営村山アパート（元の村山団地）、草加市の草加松原団地、春日部市の武里団地、上尾市の西上尾第一団地、西上尾第二団地、ふじみ野市の上野台団地、日高市のこま川団地、所沢市のプラザシティ新所沢けやき通り（元の新所沢団地）、浦安市のフォーラム海風の街、船橋市の高根台団地、習志野台団地、松戸市の常盤平団地、千葉市の花見川団地、八千代市の村上団地、枚方市の香里団地、豊中市の千里ニュータウン新千里北町団地、吹田市の同千里青山台団地、同府営千里古江台団地、同府営千里藤白台団地、そしてモスクワのノーヴィ・チェリョームシキ地区、クズィミンキ地区、ワルシヤワのモコトゥフ地区、タルグベク地区、ウルシヌフ地区、ビエラニー地区。

本書の準備にとりかかった二〇〇七年秋からほぼ脱稿した一二年春までに訪れた（元）団地や集合住宅は、旧社会主義圏を含めてざっとこれだけにのぼる。

すでに建て替えられ、団地と呼ばれなくなった元団地もあれば、逆に往時の面影を完全にとどめている団地もあった。建て替えの真っ最中で、新しい高層棟と古い中層棟や低層のテラスハウスが混在する団地もあった。私が初めて訪れたときにはまだ建て替えられていなかった団地でも、その後に建て替えが進んで景観が一変した団地は少なくない。いまや、往時の面影を完全にとどめている団地は、数えるほどしかなくなってしまった。

団地ではまず、各棟の郵便受けを見た。口にガムテープが張られている郵便受けは、空き家になっていることを示している。それから、階段下の掲示板に張られているチラシやポスター、団地内のゴミ捨て場や公園の看板に着目した。「都市機構の高齢者等巡回相談」「茶話会のお願い」「空巣被害続出」「統一行動の署名・カンパを10日から頂きにお伺いします」「〝ウッ〟を身近に感じたら…」「禁止相関人員以外進入」（関係者以外の立ち入りを禁じます）「这里是扔可燃性垃圾的」（ここは燃えるゴミを捨てるところです）「ここは高齢者対象の広場です」といった文言からは、それぞれの団地が置かれている状況や直面している問題が浮かび上がってくる。集会所の利用状況はどうか、ベランダには公明党と共産党のどちらのポスターが掲げられているか、団地に隣接する商店街の空き店舗はどれくらいか、デイサービスなど高齢者のための施設に変わっている空き店舗はないかなどにも注意するようにした。

こうした住民の実態もさることながら、私の目を最も引き付けたのは、団地に残る豊かな自然であった。団地の完成当時は人工的なコンクリートが自然を圧倒していたのが、それから何十年かを経て木々が育ち、いまやコンクリートが自然に囲まれるようになってしまった団地も少なくなかった。四月の桜、五月の青葉やツツジ、六月のアジサイ、十一月の紅葉や黄葉など、四季を通して変化する自然が、人々の往来する駅付近にありながらそっくり残っているような団地の風景は、まさに奇跡的といってよかった。

団地をめぐる環境は急速に変わりつつある。中層や低層の同じような棟がいくつも並び、公園や遊歩道には子供たちの喚声が響き、商店街やスーパーは買い物カゴをぶら下げた主婦でにぎわう原風景が失われるなかで、あの時代を単なる過去の郷愁とせず、輝かしき栄光に満ちた団地の思想的遺産を次代にどう受け継いでゆくべきか。団地に四十年あまり暮らしてきた一人の政治学者として、この課題にこたえることは義務であるようにも思えたのである。

先行研究が全くない状態で手探りのうちに始めた研究は、史資料探しからして大変であった。自治会や居住地組織の史資料は、地元自治体の図書館や市役所、団地自治会に問い合わせなければならなかった。本書では、比較的史資料の残っている香里団地、多摩平団地、ひばりヶ丘団地、常盤平団地、高根台団地という公団の五つの大団地を柱とし、多摩ニュータウン、千里ニュータウン、高島平団地、滝山団地、草加松原団地で集めたタウン紙や自治会報も生かしながら、「団地の時代」の全体像を描こうとした。なおひばりヶ丘団地と滝山団地については、前掲『レッドアローとスターハウス』と記述が重なっている箇所があることを断っておく。

自治会や居住地組織の史資料閲覧に際して、次の方々のお世話になった。枚方市立中央図書館市史資料調査専門員の馬部隆弘さん、日野市役所市政図書室分館長の清水ゆかりさん、ひばりが丘団地自治会事務局長の川村益之さん、常盤平団地自治会会長の中沢卓実さん、常盤平団地地区社会福祉協議会理事会長の大嶋愛子さん、高根台団地自治会事務局長の小池芳子さん、滝山団地自治会事務局長の志賀岑雄さん、獨協大学准教授の岡村圭子さん、新日本婦人の会事務局長の米山淳子さん。日本共産党社会科学研究所長の不破哲三さんにはひばりヶ丘民主主義を守る会の史料を見せていただき、評論家・社会学者でリースマン『孤独な群衆』の翻訳者でもある加藤秀俊さんには香里団地を訪れたリースマンにつき、また建築家の松原弘典さんには旧ソ連の集合住宅につき、それぞれご教示をいただいた。住宅管理協会企画総務部の山田淳巳さんと中原慶子さんには、「滅築」の実験を行っているひばりヶ丘団地の現場を案内していただいた。私が勤める明治学院大学国際学部の同僚の戸谷浩さんは、ソ連の団地に関する研究書を提供してくださった。

いずれの方々にも、心よりお礼を申し上げたい。

NHK出版の加納展子さんには、しばしば団地の取材に同行していただき、史資料閲覧のお手伝いまでしていただいた。しかし、団地別に膨大な史資料を整理したファイルの束を前にしておきながら、原稿は遅々として進まなかった。紙幅の都合とはいえ、光が丘団地や千葉ニュータウン、花見川団地などのように、集めた史資料をほとんど活用できない団地もあった。それでも、五年近くにわたって本書の完成を辛抱強く待っていただいた加納さんに何とか約束を果たすことができ、正直ほっとしている。

最後に、今年三月から四月にかけて三年四カ月ぶりにワルシャワを訪れ、滞在していたホテルに近いモコトゥフ地区の集合住宅の風景にたまたま出会ったときの経験について触れておきたい。社会主義時代に建てられたのだろう。全く凹凸のない平地に五階建や四階建フラットタイプの棟が規則正しく並び、南向きのベランダの前には芝生が広がり、葉を落としたブナやナラが所々に残っている。棟と棟の間には、自動車の進入できない遊歩道が巧みに配置されている。こうした風景を見るうちに、私の故郷である滝山団地の風景、それもまだ団地ができて間もないころに引っ越してきたころの風景がよみがえってきたのである。

当時、滝山団地のバス停から先は、団地を横断する滝山中央通りが行き止まりになっていて、その先には武蔵野の雑木林や畑が広がっていた。いまはもう久留米西団地まで延びているが、実はもともと行き止まりではなかったのではないか——圧倒的な既視感を覚えながら、私はしばらくその場を離れることができなかった。

二〇一二年七月

原　武史

# 【索　引】

## ■人名（団地居住者、団地に関係の深い人物に限る）

## ■団地名

# 団地年表——本書に出てくる首都圏および大阪圏の団地

| 団地名 | 入居開始 | 所在地 | 総戸数（戸） | 賃貸 | 分譲 |
|---|---|---|---|---|---|
| 金岡 | 1956年4月 | 大阪府堺市 | 900 | 900 | — |
| 稲毛 | 1956年5月 | 千葉県千葉市 | 240 | — | 240 |
| 八千代台 | 1957年1月 | 千葉県八千代市 | 224 | 108 | 116 |
| 光ヶ丘 | 1957年3月 | 千葉県柏市 | 974 | 974 | — |
| 武蔵野緑町 | 1957年11月 | 東京都武蔵野市 | 1,019 | 1,019 | — |
| 久米川 | 1958年6月 | 東京都東村山市 | 986 | 986 | — |
| 多摩平 | 1958年10月 | 東京都日野市 | 2,792 | 2,792 | — |
| 香里 | 1958年11月 | 大阪府枚方市 | 4,903 | 4,881 | 22 |
| 柳沢 | 1958年11月 | 東京都西東京市 | 512 | 512 | — |
| 東伏見 | 1958年12月 | 東京都西東京市 | 558 | 558 | — |
| ひばりヶ丘 | 1959年4月 | 東京都西東京市／東久留米市 | 2,714 | 2,714 | — |
| 新所沢 | 1959年4月 | 埼玉県所沢市 | 2,455 | 2,455 | — |
| 常盤平 | 1960年4月 | 千葉県松戸市 | 4,839 | 4,839 | — |
| 百合ヶ丘 | 1960年8月 | 神奈川県川崎市 | 1,751 | 1,751 | — |
| 前原 | 1960年9月 | 千葉県船橋市 | 1,428 | 1,428 | — |
| 高根台 | 1961年7月 | 千葉県船橋市 | 4,870 | 4,650 | 220 |
| 公社小金井本町 | 1961年12月 | 東京都小金井市 | 830 | 830 | |
| 赤羽台 | 1962年2月 | 東京都北区 | 3,373 | 3,373 | — |
| 都営長房 | 1962年3月 | 東京都八王子市 | 3,675 | 3,675 | — |
| 公社千里丘陵（千里ニュータウン） | 1962年10月 | 大阪府吹田市 | 150 | 150 | — |
| 草加松原 | 1962年12月 | 埼玉県草加市 | 5,926 | 5,926 | — |
| 東久留米 | 1962年12月 | 東京都東久留米市 | 2,280 | 2,280 | — |
| 豊四季台 | 1964年4月 | 千葉県柏市 | 4,666 | 4,666 | — |
| 千里津雲台（千里ニュータウン） | 1964年8月 | 大阪府吹田市 | 1,100 | 1,100 | — |
| 小平 | 1965年3月 | 東京都小平市 | 1,766 | 1,766 | — |

| | | | | | |
|---|---|---|---|---|---|
| 千里青山台（千里ニュータウン） | 1965年8月 | 大阪府吹田市 | 1,846 | 1,846 | — |
| 武里 | 1966年4月 | 埼玉県春日部市 | 6,119 | 5,559 | 560 |
| 都営村山 | 1966年4月 | 東京都武蔵村山市 | 5,230 | 5,230 | — |
| 新千里北町（千里ニュータウン） | 1966年7月 | 大阪府豊中市 | 892 | 730 | 162 |
| 公社多摩川 | 1966年8月 | 東京都調布市／狛江市 | 3,874 | 1,826 | 2,048 |
| 習志野台 | 1967年2月 | 千葉県船橋市 | 2,138 | 1,820 | 318 |
| 新千里西町（千里ニュータウン） | 1967年3月 | 大阪府豊中市 | 534 | 534 | — |
| 田園青葉台 | 1967年4月 | 神奈川県横浜市 | 436 | — | 436 |
| 千里竹見台（千里ニュータウン） | 1967年7月 | 大阪府吹田市 | 2,796 | 2,796 | — |
| 金剛 | 1967年12月 | 大阪府富田林市 | 5,032 | 5,032 | — |
| たまプラーザ | 1968年3月 | 神奈川県横浜市 | 1,254 | — | 1,254 |
| 千里高野台（千里ニュータウン） | 1968年4月 | 大阪府吹田市 | 218 | 218 | — |
| 町田山崎 | 1968年8月 | 東京都町田市 | 4,220 | 3,920 | 300 |
| 花見川 | 1968年9月 | 千葉県千葉市 | 7,081 | 5,551 | 1,530 |
| 滝山 | 1968年12月 | 東京都東久留米市 | 3,180 | 1,060 | 2,120 |
| 西上尾第一 | 1968年12月 | 埼玉県上尾市 | 3,202 | 3,202 | — |
| 千里桃山台（千里ニュータウン） | 1969年2月 | 大阪府吹田市 | 608 | 228 | 380 |
| 小金原 | 1969年5月 | 千葉県松戸市 | 3,384 | 2,064 | 1,320 |
| 公社久留米西 | 1969年8月 | 東京都東久留米市 | 1,942 | 1,942 | — |
| 西上尾第二 | 1970年2月 | 埼玉県上尾市 | 2,993 | 2,993 | — |
| 新千里東町（千里ニュータウン） | 1970年8月 | 大阪府豊中市 | 1,832 | 1,522 | 310 |
| 多摩ニュータウン諏訪 | 1971年3月 | 東京都多摩市 | 1,255 | 615 | 640 |
| 多摩ニュータウン永山 | 1971年3月 | 東京都多摩市 | 4,197 | 3,313 | 884 |
| 高島平 | 1972年1月 | 東京都板橋区 | 10,170 | 8,287 | 1,883 |
| 吉川 | 1973年3月 | 埼玉県吉川市 | 1,914 | 1,914 | — |
| みさと | 1973年4月 | 埼玉県三郷市 | 8,867 | 6,722 | 2,145 |

▨は大阪の団地

©小暮誠

原 武史――はら・たけし

●1962年東京生まれ。早稲田大学政治経済学部卒業。国立国会図書館職員、日本経済新聞東京本社社会部記者を経て、東京大学大学院法学政治学研究科博士課程中退。東京大学社会科学研究所助手、山梨学院大学助教授、明治学院大学助教授を歴任し、現在、明治学院大学国際学部教授。専攻は日本政治思想史。

●主な著書に『〈出雲〉という思想』（講談社学術文庫）、『「民都」大阪対「帝都」東京』（講談社選書メチエ、サントリー学芸賞）、『大正天皇』（朝日選書、毎日出版文化賞）、『増補　皇居前広場』（ちくま学芸文庫）、『昭和天皇』（岩波新書、司馬遼太郎賞）、『滝山コミューン一九七四』（講談社文庫、講談社ノンフィクション賞）、『影の磁力』（幻戯書房）、共著に『団地の時代』（新潮選書）ほか多数。

NHKブックス［1195］

団地の空間政治学

2012年9月30日　第1刷発行
2022年4月15日　第4刷発行

著　者　原　武史
発行者　土井成紀
発行所　NHK出版
東京都渋谷区宇田川町 41-1　郵便番号150-8081
電話　0570-009-321（問い合わせ）　0570-000-321（注文）
ホームページ　https://www.nhk-book.co.jp
振替 00110-1-49701
［印刷］亨有堂印刷所　［製本］ブックアート　［装幀］倉田明典

落丁本・乱丁本はお取り替えいたします。
定価はカバーに表示してあります。
ISBN978-4-14-091195-2 C1336

# NHK BOOKS

## ＊社会

嗤う日本の「ナショナリズム」　北田暁大
社会学入門―〈多元化する時代〉をどう捉えるか―　稲葉振一郎
ウェブ社会の思想―〈遍在する私〉をどう生きるか―　鈴木謙介
新版　データで読む家族問題　湯沢雍彦／宮本みち子
現代日本の転機―「自由」と「安定」のジレンマ―　高原基彰
希望論―２０１０年代の文化と社会―　宇野常寛・濱野智史
団地の空間政治学　原　武史
図説　日本のメディア［新版］―伝統メディアはネットでどう変わるか―　藤竹　暁／竹下俊郎
ウェブ社会のゆくえ―〈多孔化〉した現実のなかで―　鈴木謙介
情報社会の情念―クリエイティブの条件を問う―　黒瀬陽平
未来をつくる権利―社会問題を読み解く6つの講義―　荻上チキ
新東京風景論―箱化する都市、衰退する街―　三浦　展
日本人の行動パターン　ルース・ベネディクト
「就活」と日本社会―平等幻想を超えて―　常見陽平
現代日本人の意識構造［第九版］　ＮＨＫ放送文化研究所　編

## ＊教育・心理・福祉

不登校という生き方―教育の多様化と子どもの権利―　奥地圭子
身体感覚を取り戻す―腰・ハラ文化の再生―　斎藤　孝
子どもに伝えたい〈三つの力〉―生きる力を鍛える―　斎藤　孝
フロイト―その自我の軌跡―　小此木啓吾
孤独であるためのレッスン　諸富祥彦
内臓が生みだす心　西原克成
母は娘の人生を支配する―なぜ「母殺し」は難しいのか―　斎藤　環
福祉の思想　糸賀一雄
アドラー　人生を生き抜く心理学　岸見一郎
「人間国家」への改革―参加保障型の福祉社会をつくる―　神野直彦

※在庫品切れの際はご容赦下さい。

**NHK** BOOKS

## ＊宗教・哲学・思想

仏像［完全版］―心とかたち― 望月信成／佐和隆研／梅原 猛
原始仏教―その思想と生活― 中村 元
がんばれ仏教！―お寺ルネサンスの時代― 上田紀行
目覚めよ仏教！―ダライ・ラマとの対話― 上田紀行
ブータン仏教から見た日本仏教 今枝由郎
人類は「宗教」に勝てるか―一神教文明の終焉― 町田宗鳳
現象学入門 竹田青嗣
哲学とは何か 竹田青嗣
ヘーゲル・大人のなりかた 西 研
東京から考える―格差・郊外・ナショナリズム― 東 浩紀／北田暁大
日本的想像力の未来―クール・ジャパノロジーの可能性― 東 浩紀編
ジンメル・つながりの哲学 菅野 仁
科学哲学の冒険―サイエンスの目的と方法をさぐる― 戸田山和久
集中講義！ 日本の現代思想―ポストモダンとは何だったのか― 仲正昌樹
集中講義！ アメリカ現代思想―リベラリズムの冒険― 仲正昌樹
哲学ディベート―〈倫理〉を〈論理〉する― 高橋昌一郎
カント 信じるための哲学―「わたし」から「世界」を考える― 石川輝吉
「かなしみ」の哲学―日本精神史の源をさぐる― 竹内整一
道元の思想―大乗仏教の真髄を読み解く― 頼住光子
詩歌と戦争―白秋と民衆、総力戦への「道」― 中野敏男
ほんとうの構造主義―言語・権力・主体― 出口 顯
「自由」はいかに可能か―社会構想のための哲学― 苫野一徳
弥勒の来た道 立川武蔵
イスラームの深層―「遍在する神」とは何か― 鎌田 繁
マルクス思想の核心―21世紀の社会理論のために― 鈴木 直
カント哲学の核心―『プロレゴーメナ』から読み解く― 御子柴善之
戦後「社会科学」の思想―丸山眞男から新保守主義まで― 森 政稔
はじめてのウィトゲンシュタイン 古田徹也
〈普遍性〉をつくる哲学―「幸福」と「自由」をいかに守るか― 岩内章太郎
ハイデガー『存在と時間』を解き明かす 池田 喬

※在庫品切れの際はご容赦下さい。

# NHK BOOKS

## ＊政治・法律

国家論―日本社会をどう強化するか― 佐藤 優
マルチチュード―〈帝国〉時代の戦争と民主主義―(上)(下) アントニオ・ネグリ／マイケル・ハート
コモンウェルス―〈帝国〉を超える革命論―(上)(下) アントニオ・ネグリ／マイケル・ハート
叛逆―マルチチュードの民主主義宣言論― アントニオ・ネグリ／マイケル・ハート
ポピュリズムを考える―民主主義への再入門― 吉田 徹
中東 新秩序の形成―「アラブの春」を超えて― 山内昌之
「デモ」とは何か―変貌する直接民主主義― 五野井郁夫
権力移行―何が政治を安定させるのか― 牧原 出
国家緊急権 橋爪大三郎
自民党政治の変容 中北浩爾
未承認国家と覇権なき世界 廣瀬陽子
安全保障を問いなおす―「九条―安保体制」を越えて― 添谷芳秀
アメリカ大統領制の現在―権限の弱さをどう乗り越えるか― 待鳥聡史
日本とフランス「官僚国家」の戦後史 大嶽秀夫

## ＊経済

考える技術としての統計学―生活・ビジネス・投資に生かす― 飯田泰之
生きるための経済学―〈選択の自由〉からの脱却― 安冨 歩
資本主義はどこへ向かうのか―内部化する市場と自由投資主義― 西部 忠
雇用再生―持続可能な働き方を考える― 清家 篤
希望の日本農業論 大泉一貫
資本主義はいかに衰退するのか―ミーゼス、ハイエク、そしてシュンペーター― 根井雅弘

NHK BOOKS

＊歴史(I)



※在庫品切れの際はご容赦下さい。

NHK BOOKS

＊歴史（Ⅱ）

フランス革命を生きた「テロリスト」―ルカルパンティエの生涯―　遅塚忠躬
文明を変えた植物たち―コロンブスが遺した種子―　酒井伸雄
世界史の中のアラビアンナイト　西尾哲夫
「棲み分け」の世界史―欧米はなぜ覇権を握ったのか―　下田　淳
ローマ史再考―なぜ「首都」コンスタンティノープルが生まれたのか―　田中　創
グローバル・ヒストリーとしての独仏戦争―ビスマルク外交を海から捉えなおす―　飯田洋介
アンコール王朝興亡史　石澤良昭

＊地誌・民族・民俗

新版　森と人間の文化史　只木良也
森林飽和―国土の変貌を考える―　太田猛彦

※在庫品切れの際はご容赦下さい。